Aprender inglés para adultos principiantes

¡Habla inglés en 30 días!

3 libros en 1

Explore to Win

ESTA COLECCIÓN INCLUYE LOS SIGUIENTES LIBROS:

Aprender inglés para adultos principiantes:
¡Guía completa para hablar inglés en 30 días!

Aprender inglés para adultos principiantes:
Más de 600 palabras y frases esenciales en inglés que debes saber

Aprender inglés para adultos principiantes:
¡Aprende a conversar en inglés fluido leyendo cuentos en inglés!

Disclaimer:

The content in this book is for educational purposes only and does not constitute legal, financial, or medical advice. Readers should consult qualified professionals before acting on any information contained herein. The publisher disclaims liability for any loss incurred as a result of the use of this material.

¡RECLAMA TUS BONOS $550+ GRATIS!

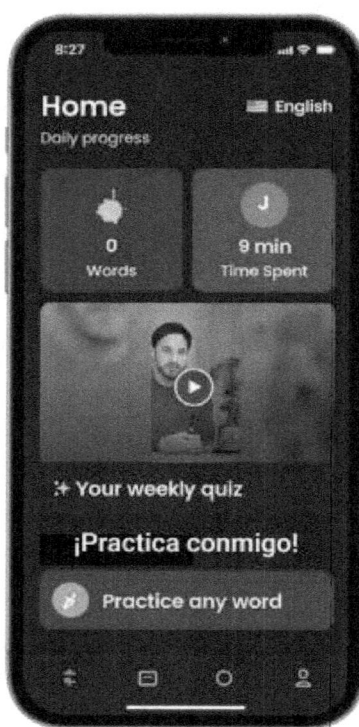

Nueva app oficial de "Aprender Inglés en 30 Días"

$300 GRATIS
Curso en Video de Inglés Clase Maestra

$100 GRATIS
Paquete Flash Inglés: Tarjetas Digitales + Audio + Plan 30 Días

$50 GRATIS
Audiolibro de cuentos cortos en inglés

...y más!

Escanee el código QR para reclamar tu app + bonos

— O —

visita bit.ly/45akv2u

Table of Contents

LIBRO 1

Aprender inglés para adultos principiantes

¡Guía completa para hablar inglés en 30 días!

Libro 1 Descripción

Si siempre quisiste aprender inglés, pero no sabes por dónde empezar, ¡llegaste al lugar indicado!

Comenzar a hablar en inglés no tiene por qué ser difícil. De hecho, con las herramientas de este libro, verás que es mucho más sencillo de lo que parece. En *Aprender inglés para adultos principiantes ¡Guía completa para hablar inglés en 30 días!* encontrarás los elementos básicos para hablar inglés de una forma simple y entretenida. Este libro está lleno de ejemplos y ejercicios, para que puedas poner automáticamente en práctica los conocimientos que adquieres. Además, te brindaremos el vocabulario necesario para que te sientas cómodo en cualquier situación.

Con *Aprender inglés para adultos principiantes ¡Guía completa para hablar inglés en 30 días!* aprenderás:

- A tener una buena pronunciación.
- A presentarte y conocer otras personas.
- A hablar con soltura en tus viajes.
- A expresar tu opinión.
- A usar y conjugar los verbos más comunes en inglés.

Si quieres hablar inglés en un abrir y cerrar de ojos, no lo dudes y haz clic en "Agregar al carrito" ahora. *Good luck!*

Capítulo 1: Conceptos básicos

Get the fundamentals down and the level of everything you do will rise.

- Michael Jordan

Para empezar este libro, vamos a hablar de algunos conceptos básicos que cualquier estudiante de inglés debe saber. Comenzaremos con algunos consejos para practicar la pronunciación y luego seguiremos con el abecedario, los saludos, las despedidas, algunas frases útiles y los números.

Consejos de pronunciación

La pronunciación del inglés es un poco más complicada que la del español, pero en este libro intentaremos que sea más fácil de practicar para los hablantes nativos de español.

Una de las cosas que hace que el inglés sea difícil es que una misma letra puede tener diferentes pronunciaciones de acuerdo con las letras que la rodean y con su posición dentro de la palabra. Pero explicar todas esas reglas (que muchos hablantes avanzados y nativos de inglés ni siquiera conocen) no sería práctico ni fácil. Por ese motivo, en esta sección daremos algunos consejos sobre cómo pronunciar las vocales y consonantes y luego incluiremos la pronunciación de las palabras que aprendamos.

Consonantes

- B: En inglés, la B suena muy parecida a la B del español. Una de las diferencias principales es que en inglés juntamos más los labios y soltamos aire con cada B.
  - Este sonido se usa tanto para la B como cuando hay dos B juntas.
- C: La C en inglés se pronuncia de la misma forma que la C en español. Puede tener tres pronunciaciones:
  - Cuando está antes de las vocales A, O y U o una consonante, tiene un sonido similar a la K.
  - Cuando está antes de las vocales E e I y la consonante Y, tiene un sonido similar a la S.
  - Cuando está antes de la H, a veces se pronuncia como la CH en español y otras veces como una K.
- D: La D del español es similar a la D del inglés. Una de las principales diferencias es que en vez de tocar los dientes con la lengua vamos a tocar la parte del paladar que se encuentra justo detrás de los dientes.
  - Este sonido también se usa para la doble D.

- F: La F en español se pronuncia de la misma manera que la F en inglés.
  - En inglés, este sonido no se usa solamente para la F, sino también para la doble F, la combinación FT y la combinación LF al final de las palabras.
- G: Al igual que en español, la G en inglés tiene dos tipos de pronunciación. Una suave y otra fuerte.
  - Pronunciación suave: Esta pronunciación es igual a la de la G de "gato" en español. Se pronuncia de esta manera cuando va seguida de una A, I, O, U o una consonante.
  - Pronunciación fuerte: La pronunciación fuerte es un sonido a mitad de camino entre la G suave y una CH. Tenemos que posicionar la boca de la misma forma que al pronunciar una CH, pero mientras que para la CH pasamos solo aire por la boca, para pronunciar esta G fuerte tenemos que hacer un sonido con las cuerdas vocales. Para notar la diferencia, podemos ponernos la mano en la garganta: si sentimos que vibra, entonces quiere decir que estamos haciendo una G fuerte, pero si no vibra, estamos haciendo una CH.
  - Una excepción a estas dos pronunciaciones es la GH al final de las palabras que puede sonar como una F.
- H: En inglés, la H no es muda. En general suena como una J en español. Sin embargo, para representarla en nuestras guías de pronunciación, utilizaremos la H.
  - Además de ser el sonido de la H, también puede ser el sonido de la combinación WH.
- J: En general, la J tiene el mismo sonido que la G fuerte, por lo que, en nuestras guías de pronunciación pondremos una J para representar este sonido.
- K: La K se pronuncia igual a la K en español y a la C antes de A, O y U.
  - Las terminaciones LK y CK en inglés también se pronuncian simplemente como una K.
- L: La L en inglés se pronuncia igual que la L en español. Sin embargo, a diferencia del español, esta pronunciación se mantiene incluso cuando hay una doble L.
  - La única excepción es la terminación LF, que se pronuncia como una F.
- M: La pronunciación de la M en inglés es muy similar a la pronunciación de la M en español.
  - Esta pronunciación se mantiene para las combinaciones MM, MB, MN y LM.
- N: La pronunciación de la N en inglés también es igual a la pronunciación en español. Y se mantiene para las combinaciones NN, KN, GN, PN y MN.
  - Sin embargo, no se mantiene para la combinación NG, en la que la N y la G se unen y suenan como un mismo sonido en lugar de dos separados.
- P: La P en inglés suena muy parecida a la P en español. Sin embargo, al igual que la B, en inglés soltamos aire cada vez que pronunciamos una P. Para hacer la prueba, es útil colocar la palma de la mano a unos 10 centímetros de la boca: para lograr una pronunciación correcta debemos sentir que el aire llega a nuestra mano.
- Q: La Q en inglés también suena igual a la K o a la C antes de A, O y U.
- R: En inglés solo existe una pronunciación para la R, que es similar a la R suave del español (y no a una doble R). Sin embargo, no es exactamente igual. Para pronunciar la R en inglés, es necesario colocar la lengua más atrás en el paladar, lo más atrás posible.
  - Esta pronunciación también se aplica a las combinaciones RR, WR y RH.

- S: En general, la S en inglés suena igual a la S en español. Esta pronunciación también aplica a las combinaciones SS, SC, PS, ST y SE.
  - Sin embargo, a veces la S puede sonar como una Z. En particular cuando encontramos solo una S al final de una palabra o una doble S en medio de una palabra.
  - Otra pronunciación posible de la S en inglés suena como una SH en español.
- T: La T puede ser similar a la T en español, pero, en inglés, además es necesario que expulsemos aire cada vez que la pronunciamos, al igual que mencionamos para la B y la P. Esta misma pronunciación se usa para las combinaciones TT y TH, y la combinación ED al final de algunas palabras.
  - En algunas ocasiones, las combinaciones TCH, TU, TI y TE pueden sonar como una CH.
  - Por otro lado, la combinación TH es muy usual en inglés y puede tener dos pronunciaciones diferentes:
    - Por un lado, puede sonar similar a una D en español. Sin embargo, para lograr una mejor pronunciación, es necesario que saquemos un poco la lengua cuando la pronunciamos. En nuestras guías de pronunciación, a este sonido lo representaremos con una D (mayúscula para diferenciarla del sonido de la letra D, para el que usaremos una d minúscula).
    - Por otro lado, la TH también puede sonar igual a la pronunciación española de la Z al principio de una palabra. Para hacer este sonido, la boca tiene que estar ubicada igual que para el sonido anterior, pero sin utilizar las cuerdas vocales. Es decir que, si nos tocamos la garganta, no deberíamos sentir que nuestras cuerdas vocales vibran. A este sonido lo representaremos con una TH en nuestras guías de pronunciación.
- V: En inglés, la B y V no suenan igual, como en algunos lugares de habla hispana. En cambio, para pronunciar la V en inglés, es necesario que coloquemos la boca de la misma forma que lo haríamos para pronunciar una F y luego hagamos ruido con nuestras cuerdas vocales.
  - Este mismo sonido a veces se utiliza para pronunciar la F.
- W: La W en inglés suena igual que la W en español.
  - Además, esta pronunciación también se utiliza para la combinación WH y en algunas ocasiones para la combinación de vocales UI.
- X: La X en inglés suena igual que en español: como una K seguida de una S.
- Y: En inglés, la Y tiene una pronunciación similar a una I. Sin embargo, la Y se une a la vocal siguiente, cosa que no suele suceder con la I. Seguramente hayas escuchado este sonido en la palabra inglesa *you*.
- Z: Por último, la Z en inglés puede sonar como una Z marcada del español de España. Esto quiere decir que deberíamos colocar la lengua en el paladar, justo detrás de los dientes y sentir una vibración.
  - Por otro lado, también es posible que la Z tenga un sonido similar a una SH del español, al igual que la S en inglés, que mencionamos antes.

Ahora veamos una tabla con los sonidos en inglés, las consonantes que pueden pronunciarse de esa manera y ejemplos que incluyan esos sonidos con su pronunciación y traducción. Antes de pasar a la tabla, hablemos rápidamente sobre cómo trabajaremos la pronunciación de las palabras y frases que veamos. Verás que en la columna de pronunciación, la pronunciación está separada en sílabas y la sílaba acentuada está marcada con subrayado.

Sonido	Consonante	Ejemplos	Pronunciación	Traducción
b	B BB	*bubble*	ba-bl	burbuja
k	C+A/O/U C+consonante CH K LK CK Q	*cat* *cloud* *chemical* *keep* *talk* *sock* *quit*	kat klaud ke-mi-kal kIp tOk sok kuit	gato nube químico conservar hablar calcetín abandonar
s	C+E/I/Y S SC PS ST	*circle* *seat* *scene* *psychic* *listen*	sErkl sIt sIn sai-kik li-sen	círculo asiento escena psíquico escuchar
ch	CH TCH TU TI TE	*child*	chaild	niño/niña
d	D DD	*added*	a-ded	agregado
f	F FF FT PH GH LF	*fire* *off* *often* *photo* *enough* *half*	faier of ofen fo-to i-nAf hAf	fuego apagado a menudo foto suficiente mitad
g	G	*goat*	gout	cabra
j	G J	*giraffe* *jam*	ji-rAf jam	jirafa mermelada
h	H WH	*hello* *who*	he-lou hU	hola quién

l	L	*light*	lait	luz
m	M MM MB MN LM	***mummy*** *to**mb*** *sole**mn*** *pa**lm***	<u>ma</u>-mi tUm <u>so</u>-lem pAm	momia tumba solemne palma
n	N NN KN GN PN MN	***nanny*** ***kn**ow* ***gn**ome* ***pn**eumonia* ***mn**emonic*	<u>na</u>-ni nou noum niu-<u>mO</u>-nya ni-<u>mA</u>-nik	niñera saber gnomo neumonía mnemónico
p	P	***p**art*	pArt	parte
r	R RR WR RH	***r**un* *ba**rr**ier* ***wr**ong* ***rh**yme*	ran <u>ba</u>-ri-er rong raim	correr barrera mal rima
z	S Z	*hi**s*** *cra**z**y*	hiz <u>krei</u>-zi	su (de él) loco
sh	S Z	*vi**s**ion* *a**z**ure*	<u>vi</u>-shn <u>a</u>-shUr	visión azur
t	T TT TH ED	***t**ime* *ma**tt**er* ***th**yme* *skipp**ed***	taim <u>ma</u>-ter taim skipt	tiempo asunto tomillo omitido
D	TH	*wea**th**er*	wE-Der	clima
th	TH	***th**ree*	thrI	tres
v	V F	***v**ine* *o**f***	vain ov	enredadera de
w	W WH UI	***w**ine* ***wh**ere* *q**ui**ck*	wain wEr kwik	vino dónde rápido
y	Y	***y**ou*	iU	tú

Vocales

Las vocales en inglés son la parte más complicada de la pronunciación, ya que existen 12 sonidos diferentes para las 5 vocales y 7 sonidos más para las combinaciones de dos vocales juntas. En este libro, sin embargo, vamos a simplificar los sonidos de las vocales en solo 5 y hablar de los 7 sonidos de las combinaciones de dos vocales.

En la siguiente tabla, vamos a encontrar los sonidos, seguidos de las vocales o combinaciones de vocales que se pueden pronunciar de esa forma, algunos ejemplos y la pronunciación y traducción de esos ejemplos.

Sonido	Vocal	Ejemplos	Pronunciación	Traducción
a	A U OU O	*cat* *bus* *tough* *money*	kat bas taf ma-ni	gato autobús difícil dinero
e	E EA U	*pet* *heard* *burn*	pet hErd bErn	mascota oyó quemar
i	I EE EA E	*hit* *bee* *seat* *be*	hit bI sIt bi	golpear abeja asiento ser/estar
o	O OU AU AW	*dot* *colour* *vault* *saw*	dot ko-lor vOlt sO	punto color bóveda sierra
u	OO U OU UI UE	*too* *sugar* *cougar* *soup* *blue*	tu shu-gar kU-gar sUp blU	también azúcar puma sopa azul
ou	O OA OW OE OU	*vote* *coat* *bowl* *Joe* *soul*	vout kout boul jou soul	voto abrigo tazón Joe (nombre) alma
oi	OY OI	*boy* *soil*	boi soil	niño suelo
ei	AY A	*say* *angel*	sei ein-jel	decir ángel

	AI	*mail*	meil	correo
au	OU OW	*cloud* *cow*	klaud kau	nube vaca
ai	I	*bike*	baik	bicicleta
ea	EA A	*bear* *care*	ber ker	oso cuidado
ie	EE EA	*beer* *clear*	bier klier	cerveza claro

Dado que simplificamos 12 sonidos del inglés en 5 para que sean más fáciles de reproducir para estudiantes principiantes, es necesario comprender que en ocasiones las vocales pueden ser más largas, cortas o incluso la forma de producir el sonido puede variar. Para no complejizar las letras que vamos a utilizar para las guías, vamos a utilizar las 5 vocales en minúscula cuando se trata de una vocal corta y en mayúscula cuando se trate de una vocal larga.

En cuanto a los diptongos, es decir, las combinaciones de dos sonidos vocálicos, es importante entender que el sonido de la segunda vocal siempre es un poco más corto y menos pronunciado que el primero. Esta es otra diferencia con el español, en el que pronunciamos con la misma intensidad y extensión las dos vocales.

Abecedario

Como seguramente ya sabes, el abecedario en inglés es casi igual al abecedario en español. La principal diferencia es que en inglés no existe la letra Ñ y tampoco existen las tildes.

Al abecedario en inglés se le dice *alphabet* y el nombre de cada una de las letras es distinto y se pronuncia diferente. ¡Veamos cómo se pronuncian las letras!

Letra	Pronunciación
A	ei
B	bI
C	sI
D	dI
E	I
F	ef
G	jI

H	eich
I	ai
J	jei
K	kei
L	el
M	em
N	en
O	ou
P	pI
Q	kiu
R	Ar
S	es
T	tI
U	iU
V	vI
W	dabl iU
X	eks
Y	wai
Z	zI

Saludos y despedidas

Ahora que sabemos las bases de la pronunciación del inglés, podemos aprender a saludar y despedirnos y ver cómo se pronuncia cada una de estas palabras y expresiones.

Saludos

Saludo	Pronunciación	Traducción y comentarios
hello	he-<u>lou</u>	hola

hi	hai	forma más informal de decir "hola"
good day	gUd dei	buen día
good morning	gUd <u>mor</u>-ning	buenos días
good evening	gUd <u>Iv</u>-ning	buenas tardes
how are you?	hau ar iU	¿cómo estás?
how's it going?	haus it <u>go</u>-ing	¿cómo te va?
how are you doing?	hau ar iU <u>du</u>-ing	forma más informal de decir "¿cómo estás?"
how have you been?	hau hav iU bIn	¿cómo has estado?

Despedidas

Despedida	Pronunciación	Traducción y comentarios
goodbye	gud-<u>bai</u>	adiós
bye	bai	forma más informal de decir "adiós"
goodnight	gud-<u>nait</u>	"buenas noches". Solo se utiliza para despedirse de alguien.
see you later	si iU <u>lei</u>-ter	"nos vemos luego". También podemos poner otro tiempo después de *see you*, como *tomorrow*, para formar "nos vemos mañana"
see you	si iU	"nos vemos". Forma más informal de decir "nos vemos luego"

Frases útiles

A continuación, veremos algunas frases útiles para principiantes junto con su pronunciación y traducción.

Palabra o frase	Pronunciación	Traducción y comentarios

yes	ies	sí
no	nou	no
I don't know	ai dont nou	no lo sé
thank you	zAnk iU	gracias
you're welcome	yur <u>wel</u>-kom	de nada
I'm sorry	aim <u>sO</u>-ri	lo siento
sorry	<u>sO</u>-ri	perdón
excuse me	ex-<u>kius</u> mI	disculpa
fine, and you?	fain and iU	bien, ¿y tú?
nice to meet you	nais tu mIt iU	encantado/a de conocerte

Números

Veamos una lista con la forma escrita y la pronunciación de algunos números del 0 al 100.

Número	Forma escrita	Pronunciación
0	*zero*	<u>zI</u>-ro
1	*one*	uan
2	*two*	tU
3	*three*	thrI
4	*four*	fOr
5	*five*	faiv
6	*six*	six
7	*seven*	<u>se</u>-ven
8	*eight*	eit
9	*nine*	nain
10	*ten*	ten
11	*eleven*	i-<u>le</u>-ven

12	*twelve*	twElf
13	*thirteen*	ther-<u>tIn</u>
14	*fourteen*	fOr-<u>tIn</u>
15	*fifteen*	fif-<u>tIn</u>
16	*sixteen*	six-<u>tIn</u>
17	*seventeen*	se-ven-<u>tIn</u>
18	*eighteen*	ei-<u>tIn</u>
19	*nineteen*	nain-<u>tIn</u>
20	*twenty*	<u>twen</u>-ti
21	*twenty-one*	twen-ti-<u>uan</u>
22	*twenty-two*	twen-ti-<u>tU</u>
23	*twenty-three*	twen-ti-<u>thrI</u>
24	*twenty-four*	twen-ti-<u>fOr</u>
25	*twenty-five*	twen-ti-<u>faiv</u>
26	*twenty-six*	twen-ti-<u>six</u>
27	*twenty-seven*	twen-ti-<u>se</u>-ven
28	*twenty-eight*	twen-ti-<u>eit</u>
29	*twenty-nine*	twen-ti-<u>nain</u>
30	*thirty*	<u>thEr</u>-ti
40	*forty*	<u>fOr</u>-ti
50	*fifty*	<u>fif</u>-ti
60	*sixty*	<u>six</u>-ti
70	*seventy*	<u>se</u>-ven-ti
80	*eighty*	<u>ei</u>-ti
90	*ninety*	<u>nain</u>-ti
100	*one hundred*	uan <u>han</u>-dred

Como verás, después del 30 solo incluimos números redondos porque el resto se forman de la misma manera que los números entre 20 y 30. Simplemente tenemos que agregar el número de la unidad de 1 a 9 después del número de la decena. De esta forma, el 38 es *thirty-eight*, el 46 es *forty-six* y el 84 es *eighty-four*.

Además, ¿notaste que usamos guiones para unir la unidad a la decena? Estos guiones son necesarios en inglés, así que no hay que olvidar agregarlos.

Días de la semana

Día de la semana	Pronunciación	Traducción
Monday	<u>man</u>-dei	lunes
Tuesday	<u>tiUz</u>-dei	martes
Wednesday	<u>wenz</u>-dei	miércoles
Thursday	<u>therz</u>-dei	jueves
Friday	<u>frai</u>-dei	viernes
Saturday	<u>sa</u>-ter-dei	sábado
Sunday	<u>san</u>-dei	domingo

Cabe mencionar que una diferencia importante entre los días de la semana en inglés y en español es que en inglés siempre se escriben con mayúscula inicial. Además de los días de la semana, también es útil aprender algunas otras palabras relacionadas.

Palabra	Pronunciación	Traducción y comentarios
today	tu-<u>dei</u>	hoy
tomorrow	tu-<u>mo</u>-row	mañana
yesterday	<u>ies</u>-ter-dei	ayer
day	dei	día
week	wIk	semana
month	mAnth	mes
next week/month	nekst wIk	"la semana que viene". Se

		puede cambiar *week* por *month*.
last week	last wIk	"la semana pasada". Se puede cambiar *week* por *month*.

Ejercicios

1. Para lograr una correcta pronunciación en inglés de las letras B, P y T. ¿Qué necesitas hacer?
    a. Tocar los dientes con la lengua.
    b. Hacer que la lengua vibre.
    c. Soltar aire.
2. Verdadero o falso: En inglés, las vocales se pronuncian siempre de la misma forma.
3. Jorge Álvarez no sabe inglés, y la recepcionista del hotel necesita que le deletree su nombre para poder registrarlo, ¿puedes deletrear en inglés cada una de las letras del nombre en voz alta?
4. ¿Cuál de las siguientes opciones no es un saludo?
    a. *How are you?*
    b. *Good morning.*
    c. *Good day.*
    d. *Goodnight.*
5. ¿Cuál es la forma informal de decir adiós en inglés?
6. ¿Cómo dirías "no lo sé" en inglés?
7. ¿Cómo dirías "gracias" en inglés? ¿Y cómo contestarías si alguien te lo dijera?
8. ¿Puedes escribir en inglés los números 59, 73 y 91?
9. Si *today* es *Wednesday* y estoy haciendo planes para *tomorrow*, ¿para qué día estoy haciendo planes?
    a. *Thursday*
    b. *Monday*
    c. *Saturday*
    d. *Tuesday*
10. ¿Cómo dirías "el mes pasado" en inglés?

Respuestas

1. c. Soltar aire.
2. Falso: Para cada vocal en inglés hay muchísimas pronunciaciones posibles.
3. jei-ou-ar-ji-i ei-el-vi-ei-ar-i-zi
4. d. Good night
5. Bye
6. I don't know
7. Thank you. You're welcome
8. fifty-nine, seventy-three, ninety-one
9. a. Thursday
10. Last month

Capítulo 2: ¿Nos conocemos?

Please allow me to introduce myself
I'm a man of wealth and taste

- The Rolling Stones

¡Hola! Ahora que has tenido tu primer acercamiento al inglés, en este capítulo nos prepararemos para presentarnos y para conocer a otros. Para eso, aprenderemos los pronombres, el verbo "ser" y algunas profesiones y nacionalidades. ¡Vamos!

Pronombres personales

En inglés, al igual que en español, los pronombres personales se usan para referirse o reemplazar a las personas involucradas en la conversación. Por suerte, hay menos pronombres en inglés que en español: solo son 7 y los veremos a continuación.

Debemos familiarizarnos con los pronombres personales, recordarlos y usarlos bien, porque, en inglés, las oraciones **siempre** deben tener sujeto y, muchas veces, esa función la cumple un pronombre.

Estos son los pronombres en inglés:

	Pronombre personal	Pronunciación
Primera persona del singular "yo"	*I*	ai
Segunda persona del singular "tú", "vos", "usted"	*you*	iU
Tercera persona del singular "él", "ella"	*he, she*	ji, shi
Tercera persona del singular (cuando no nos referimos a un ser humano)	*it*	it
Primera persona del plural "nosotros", "nosotras"	*we*	wI
Segunda persona del plural "ustedes", "vosotros", "vosotras"	*you*	iU
Tercera persona del plural "ellos", "ellas"	*they*	Dei

Al igual que en el español, dividimos los pronombres en singular y plural, y en primera, segunda y tercera persona. Dentro del singular, cuando queremos decir "yo" usamos *I*. Es importante recordar que siempre se escribe en mayúscula. En la segunda persona del singular, no existe la distinción entre "tú", "vos", y "usted" que tenemos en español. Para los tres casos usamos *you*. Y para la tercera, al igual que en español, distinguimos entre *he* como pronombre masculino y *she* como pronombre femenino.

En inglés, hay un pronombre que no existe en el español: *it*. Este pronombre neutro se utiliza para referirnos a animales, objetos, pensamientos, etc. Es decir, para referirnos a todo aquello que no sea una persona.

En plural, el inglés no hace ninguna distinción de género, como sí hace el español. La primera persona del plural es *we*. Es decir, no tienen dos palabras para decir "nosotros" y "nosotras". La segunda persona del plural es igual a la del singular, *you,* por lo que la información acerca de si es plural o singular, formal o informal, masculino o femenino, la brindarán los otros elementos de la oración. La tercera persona del plural es *they*; no hay "ellos" y "ellas".

Entonces, por ejemplo, para presentarnos o presentar a alguien usando los pronombres, podríamos decir:

- *I am Lucy* ("Yo soy Lucy").
- *You are my friend* ("Tú eres mi amigo").
- *She is Julia* ("Ella es Julia").
- *It is my house* ("Esa es mi casa").
- *We are students* ("Nosotras somos estudiantes" o "Nosotros somos estudiantes").
- *You are my parents* ("Ustedes son mis padres").
- *They are the teachers* ("Ellas son las profesoras" o "Ellos son los profesores").

Adjetivos posesivos

Los adjetivos posesivos se utilizan para indicar propiedad, al igual que en español. **Siempre** van acompañados del sustantivo al que hacen referencia y se ubican antes de él. Veamos cuáles son.

Adjetivo posesivo	Pronunciación	Traducción
my	mai	mi
your	iOr	tu
his	jiz	su (de él)
her	jer	su (de ella)
its	its	su (de eso)
our	awer	nuestro
your	iOr	suyo (de ustedes)

their	Deir	su (de ellos)

Como podemos ver, es fácil recordar los adjetivos posesivos porque se parecen a los pronombres personales. Aquí también encontramos la tercera persona del singular neutra (*its*). Si bien en español no tenemos una traducción textual para este término, sería algo así como decir "de eso".

Veamos algunos ejemplos:

- *This is my food* ("Esta es mi comida").
- *She is your cousin* ("Ella es tu prima").
- *Here are his books* ("Aquí están sus libros").
- *That is its ball* ("Esa es su pelota").
- *I am her boyfriend* ("Yo soy su novio").
- *She is our mom* ("Ella es nuestra madre").
- *This is your house* ("Esta es su casa").
- *That is their bedroom* ("Esa es su habitación").

Pronombres posesivos

Es importante conocer la diferencia entre los **adjetivos posesivos** (que acabamos de ver) y los **pronombres posesivos**. El pronombre posesivo puede ubicarse en cualquier lugar de la oración (aunque generalmente se ubica al final) y no va acompañado del sustantivo al que hace referencia, sino que lo reemplaza.

Pronombre posesivo	Pronunciación	Traducción
mine	main	mío
yours	iOrz	tuyo
his	jiz	suyo (de él)
hers	jerz	suyo (de ella)
ours	awerz	nuestro
yours	iOrz	vuestro (de ustedes)
theirs	Deirz	suyo (de ellos)

Ahora, prestemos atención a cómo se usan dentro de una oración:

- *The dog is mine* ("El perro es mío").
- *This pen is yours* ("Esta lapicera es tuya").
- *That choice is his to make* ("Esa decisión es suya").

- *The red car is hers* ("El auto rojo es de ella").
- *This house is ours* ("Esta casa es nuestra").
- *These books are yours* ("Estos libros son suyos").
- *The money is theirs* ("El dinero es de ellos").

Estos pronombres también tienen mucha relación con los pronombres personales, por lo que deberían ser fáciles de recordar. Su uso es mucho menos frecuente que los adjetivos posesivos y, como ya dijimos, es importante reconocer en qué situación se usa cada uno.

Conocer a alguien

Veamos algunas preguntas que podemos hacer cuando estamos conociendo a alguien. Más abajo, veremos cómo responderlas.

Pregunta	Pronunciación	Traducción
What is your name?	wat is iOr neim	¿Cuál es tu nombre? / ¿Cómo te llamas?
Where are you from?	wEr Ar iU from	¿De dónde eres?
Who is he/she?	jU is ji/shi	¿Quién es él/ella?
Where do you live?	wer du iU lIv	¿Dónde vives?
What is your last name?	wat is iOr last neim	¿Cuál es tu apellido?
How old are you?	hau Old Ar iU	¿Cuántos años tienes?
What do you do?	wat du iU du	¿A qué te dedicas?

Como habrás notado, en inglés solo se utiliza el signo de interrogación de cierre.

Formulación de respuestas

Vamos a ver ahora las posibles maneras de responder a las preguntas que hemos hecho arriba. Las palabras que corresponden a la estructura de la respuesta están en negrita, para que puedas distinguir luego cuál es la información personal que debes reemplazar.

What is your name? ("¿Cómo te llamas?")

Respuesta	Pronunciación	Traducción
My name is Pablo	mai neim is pa-blo	Mi nombre es Pablo
I am Pablo	ai am pa-blo	Yo soy Pablo

Where are you from? ("¿De dónde eres?")

Respuesta	Pronunciación	Traducción
I am from Spain	ai am from spein	Soy de España
I come from Spain	ai kam from spein	Vengo de España

Who is he/she? ("¿Quién es él/ella?")

Respuesta	Pronunciación	Traducción
She is your boss	shi is yOr bos	Ella es tu jefa
He is my brother	ji is mai bra-Der	Él es mi hermano

Where do you live? ("¿Dónde vives?")

Respuesta	Pronunciación	Traducción
I live in England	ai liv in in-gland	Vivo en Inglaterra
In England	in in-gland	En Inglaterra

What is your last name? ("¿Cuál es tu apellido?")

Respuesta	Pronunciación	Traducción
My last name is Pereyra	mai last neim is pe-rey-ra	Mi apellido es Pereyra
It is Pereyra	it is pe-rey-ra	Es Pereyra

How old are you? ("¿Cuántos años tienes?")

Respuesta	Pronunciación	Traducción
I am 25 **years old**	ai am twen-ti-faiv iers old	Tengo 25 años

25 *years old*	twen-ti-<u>faiv</u> iers old	25 años
I'm 25	ai am twen-ti-<u>faiv</u>	Tengo 25

<u>*What do you do?*</u> ("¿A qué te dedicas?")

Respuesta	Pronunciación	Traducción
I am a teacher	ai am e <u>tI</u>-cher	Soy maestra
I work as a teacher	ai work as e <u>tI</u>-cher	Trabajo como maestra
I teach	ai tIch	Yo enseño

Presente simple

Para presentarnos, el tiempo verbal que utilizamos es el *simple present*. Este tiempo verbal se utiliza para acciones que se repiten y son constantes (como nuestro trabajo), y también para hablar de hechos.

La estructura del presente simple varía dependiendo de si la oración es negativa, afirmativa o interrogativa. También encontraremos variaciones en la forma del verbo, dependiendo de la persona a la que nos estemos refiriendo. Veremos estas distintas variaciones en detalle para no marearnos.

Oraciones afirmativas

Cuando utilizamos una oración afirmativa, la estructura es la siguiente:

- sujeto + verbo + complemento

El sujeto puede ser un sustantivo o un pronombre personal, como vimos anteriormente.

En el presente simple, el verbo no sufre modificaciones cuando se refiere a *I, you, we, they:*

- *I <u>play</u> football* ("Yo juego fútbol").
- *You <u>play</u> football* ("Tú juegas fútbol / Ustedes juegan fútbol").
- *We <u>play</u> football* ("Nosotros jugamos fútbol").
- *They <u>play</u> football* ("Ellos juegan fútbol").

En cambio, cuando utilizamos la tercera persona del singular (*he, she, it*), tenemos que agregarle una "s" al verbo. Para la mayoría de los verbos, esta es la regla: simplemente les agregamos una "s" (*play→plays, write→writes, dance→dances, eat→eats*). Sin embargo, hay algunas excepciones. Veamos cuáles son:

Cuando el verbo termina en...	...hay que...	Ejemplo
-ch, -sh, -ss, -x o *-z*	agregar *-es*	*watch→watches* ("mirar") *wash→washes* ("lavar") *kiss→kisses* ("besar") *mix→mixes* ("mezclar")
consonante + *y*	cambiar *y* por *i* y agregar *-es*	*study→studies* ("estudiar") *cry→cries* ("llorar") *worry→worries* ("preocuparse")
Verbos *to do* ("hacer") y *to go* ("ir")	agregar *-es*	*do→does* *go→goes*

Veamos ahora algunos ejemplos de oraciones afirmativas:

- *I work at the station* ("Yo trabajo en la estación").
- *She cuts my hair* ("Ella corta mi cabello").
- *We study together* ("Nosotros estudiamos juntos").
- *You watch TV* ("Ustedes ven").
- *They live across the street* ("Ellos viven enfrente").
- *You have blue eyes* ("Tú tienes ojos azules").
- *He comes from England* ("Él viene de Inglaterra").

Oraciones negativas

Para formar oraciones negativas, en inglés utilizamos un verbo auxiliar. Es decir, el verbo de la oración no sufre modificaciones, sino que el negativo se expresa en el auxiliar. En este caso, el auxiliar que utilizamos es *do,* que es el verbo "hacer" utilizado como auxiliar. Para comprenderlo, pensemos en lo que pasa con el verbo "haber" en muchos tiempos compuestos del español, como "había mirado", "habrá sido", "he salido", etc. En este caso, el verbo haber no aporta información semántica, sino que se usa como auxiliar.

Veamos la estructura de la oración negativa en inglés:

- sujeto + auxiliar (*do/does*) + *not* + complemento

A continuación, presentamos algunos ejemplos para familiarizarnos con esta estructura:

- *She does not work* ("Ella no trabaja").
- *I do not like rock music* ("A mí no me gusta el rock").
- *We do not live in this city* ("Nosotros no vivimos en esta ciudad").
- *They do not play tennis* ("Ellos no juegan tenis").

- *You do not play the guitar* ("Ustedes no tocan la guitarra").
- *He does not read the newspaper* ("Él no lee el periódico").

En general, en las oraciones negativas, el auxiliar y el *not* se contraen, formando una sola palabra. Como veremos más adelante, esto sucede con muchas palabras en inglés. Las contracciones son típicas en la lengua oral e informal, y ciertamente son más utilizadas. A excepción de en textos muy formales, es muy común encontrarlas. Las contracciones en las oraciones negativas en *present simple* son las siguientes:

- *do + not → don't*
- *does + not → doesn't*

Veamos los ejemplos de arriba, pero escritos con contracciones:

- *She doesn't work* ("Ella no trabaja").
- *I don't like rock music* ("A mí no me gusta el rock").
- *We don't live in this city* ("Nosotros no vivimos en esta ciudad").
- *They don't play tennis* ("Ellos no juegan tenis").
- *You don't play the guitar* ("Ustedes no tocan la guitarra").
- *He doesn't read the newspaper* ("Él no lee el periódico").

Como hemos visto en todos los ejemplos, la "s" o "es" que usamos en las oraciones afirmativas para *he, she, it*, ahora está en el auxiliar *does*. Es decir, el verbo principal no sufre ninguna modificación, se mantiene siempre igual.

Oraciones interrogativas

Las oraciones interrogativas, al igual que las oraciones negativas, también necesitan el auxiliar *do/does*. Sin embargo, la particularidad de las preguntas en inglés es el orden que tienen las palabras en la oración, es decir, su estructura. Para preguntas que se responden con sí o con no, la estructura es la siguiente:

- auxiliar (*do/does*) + sujeto + verbo + complemento

Por ejemplo:

- *Do you live here?* ("¿Tú vives aquí?")
- *Does your brother work in your company?* ("¿Tu hermano trabaja en tu empresa?")
- *Does she study math?* ("¿Ella estudia matemáticas?")
- *Do they visit often?* ("¿Ellos visitan a menudo?")

Al igual que en las oraciones negativas, la modificación de la tercera persona del singular (*he, she, it*) está sobre el auxiliar y no sobre el verbo principal.

Veamos cuál es la forma más común de responder estas preguntas (recuerda la contracción de las oraciones negativas):

- *Yes, I/you/we/they do*

- *No, I/you/we/they don't*
- *Yes, he/she/it does*
- *No, he/she/it doesn't*

Si necesitamos más información de nuestro interlocutor, podemos usar las palabras interrogativas: *when* ("cuándo"), *where* ("dónde"), *what* ("qué"), *why* ("por qué "), *who* ("quién"), *which* ("cuál") y *how* ("cómo"). Estas preguntas se llaman *wh questions* porque, salvo *how*, todas comienzan con "wh" (¡saber esto te ayudará a escribirlas correctamente!).

Su característica principal es que no pueden responderse con sí o no, necesitan información más específica. Y siempre se colocan antes del auxiliar. La estructura queda de esta manera:

- Palabra interrogativa + auxiliar (*do/does*) + sujeto + verbo + complemento

Veamos algunos ejemplos:

- *When does the train leave?* ("¿Cuándo parte el tren?")
- *Where do you live?* ("¿Dónde viven?")
- *What does he study?* ("¿Qué estudia él?")
- *Why do Susan and Mary live so far?* ("¿Por qué Susan y Mary viven tan lejos?")
- *Who is the new doctor?* ("¿Quién es el nuevo médico?")
- *Which of the houses is yours?* ("¿Cuál de las casas es tuya?")
- *How does your mother cook the turkey?* ("¿Cómo cocina tu madre el pavo?")

Adverbios de frecuencia

Como ya dijimos, usamos el presente simple para hablar de rutinas o acciones que se repiten periódicamente. Por eso, será muy útil aprender también los adverbios que indican con qué frecuencia o en qué momento hacemos esas actividades. Veamos cuáles son:

Adverbio	Pronunciación	Traducción	Ejemplo
always	Ol-weis	siempre	*Marta always washes the dishes* ("Marta siempre lava los platos)
often	O-fen	a menudo	*I often go to see my mom* ("A menudo voy a ver a mi mamá")
usually	iu-shua-li	usualmente	*We usually don't eat dinner* ("Usualmente nosotros no cenamos")
every week	e-vri wIk	todas las semanas	*My dad goes to the supermarket every week* ("Mi papá va al supermercado todas las semanas")

every month	e-vri mAnth	todos los meses	*Samantha gets a haircut every month* ("Samantha se corta el pelo todos los meses")
every year	e-vri ier	todos los años	*Every year my family has a reunion* ("Todos los años, mi familia hace una reunión")
every (día de la semana)	e-vri	cada (día de la semana)	*They come for lunch every Wednesday* ("Ellos vienen a almorzar todos los miércoles")
everyday	e-vri-dei	todos los días	*I wash my teeth everyday* ("Me lavo los dientes todos los días")
never	ne-ver	nunca	*This city never sleeps* ("Esta ciudad nunca duerme")
sometimes	sam-taims	a veces	*They sometimes go out for coffee* ("Ellos a veces salen a tomar café")
hardly ever	hArd-li e-ver	casi nunca	*He hardly ever studies for the exams* ("Él casi nunca estudia para los exámenes")
on (día de la semana)	on	los (día de la semana)	*On Mondays, I go to the gym* ("Los lunes voy al gimnasio")
at (horario)	at	a las (horario)	*She finishes work at 18:30* ("Ella termina de trabajar a las 18:30)

Como hemos visto en los ejemplos, hay dos lugares en los que puede ir el adverbio de frecuencia. Aquellos que comienzan con preposición (*on, at, every*) se colocan **siempre** al final o al inicio de la oración. Y el resto de los adverbios (*never, always, sometimes, usually, often y hardly ever*) se colocan **siempre** entre el sujeto y el verbo.

Verbo *to be*

El verbo *to be* es, quizás, el verbo más importante del inglés. Su traducción literal es tanto "ser" como "estar". A su vez, es uno de los verbos con más irregularidades en la conjugación, por lo que veremos todas sus formas (empezando con el presente simple) en detalle.

Persona	Verbo *to be* en presente simple	Pronunciación
I	*am*	Am
you	*are*	Ar
he	*is*	iz
she	*is*	iz
it	*is*	iz
we	*are*	Ar
you	*are*	Ar
they	*are*	Ar

Así como hemos visto las contracciones de los auxiliares en el presente simple, también podemos contraer el verbo *to be,* pegándolo al sujeto de la oración. Por ejemplo, podemos decir *I'm old* o *Paula's young* ("Yo soy viejo, Paula es joven").

Veamos todas las maneras en las que contraemos el verbo *to be*:

- *I + am → I'm*
- *You + are → You're*
- *He + is → He's*
- *She + is → She's*
- *It + is → It's*
- *We + are → We're*
- *They + are → They're*

Ahora, veamos la estructura de los diferentes tipos de oraciones con el verbo *to be*.

Oraciones afirmativas

Las oraciones afirmativas tienen la misma estructura que vimos en el apartado anterior (sujeto + verbo + complemento). La diferencia es que el *to be* es un verbo irregular, por lo que no agregamos "s" en la tercera persona, sino que utilizamos las formas que describimos en la tabla de arriba.

- *I am 65 years old / I'm 65 years old* ("Tengo 65 años").
- *You are my neighbor / You're my neighbor* ("Tú eres mi vecina").
- *He is a cook / He's a cook* ("Él es cocinero").
- *She is from Argentina / She's from Argentina* ("Ella es de Argentina").
- *It is our pet / It's our pet* ("Es nuestra mascota").
- *We are her parents / We're her parents* ("Nosotros somos sus padres").

- *You are in school / You're in school* ("Ustedes están en la escuela").
- *They are students / They're students* ("Ellos son estudiantes").

Oraciones negativas

A diferencia de los verbos regulares, en el presente simple el verbo *to be* no utiliza un auxiliar para formar el negativo. En cambio, la partícula *not* se agrega al verbo principal (*to be*).

Con respecto a las contracciones, en negativo se suma otra opción: contraer el *not* con el verbo (lo que no es posible en la primera persona del singular). Veamos de qué hablamos:

- *You are + not → You aren't*
- *He is + not → He isn't*
- *She is + not → She isn't*
- *It is + not → It isn't*
- *We are + not → We aren't*
- *They are + not → They aren't*

En los ejemplos a continuación, veremos las tres opciones posibles: sin contracción, con la contracción del verbo con el sujeto y con la contracción del *not* con el verbo.

- *I am not a doctor / I'm not a doctor* ("Yo no soy médico").
- *You are not my boss / You aren't my boss / You're not my boss* ("Tú no eres mi jefe").
- *She is not from here / She isn't from here / She's not from here* ("Ella no es de aquí").
- *He is not my friend / He isn't my friend / He's not my friend* ("Él no es mi amigo").
- *It is not a rat / It isn't a rat / It's not a rat* ("No es una rata").
- *We are not 25 years old / We aren't 25 years old / We're not 25 years old* ("No tenemos 25 años").
- *You are not Canadian / You aren't Canadian / You're not Canadian* ("Ustedes no son canadienses / Vosotros no sois canadienses").
- *They are not lawyers / They aren't lawyers / They're not lawyers* ("Ellos no son abogados").

Oraciones interrogativas

En las oraciones interrogativas con el verbo *to be*, cambia la estructura que vimos antes. Al igual que en las oraciones negativas, no usamos el auxiliar *do*. Además, los elementos de la oración cambian de lugar y el verbo va antes del sujeto. La estructura es la siguiente:

- verbo *to be* + sujeto + complemento

Veamos algunos ejemplos:

- *Am I the student?* ("¿Soy yo la estudiante?")
- *Are you my dad?* ("¿Eres mi padre?")
- *Is he the vet?* ("¿Es el veterinario?")
- *Is she 13 years old?* ("¿Ella tiene 13 años?")

- *Is it your birthday?* ("¿Es tu cumpleaños?")
- *Are we doctors?* ("¿Somos doctores?")
- *Are you the teachers?* ("¿Ustedes son los docentes?")
- *Are they your parents?* ("¿Ellos son tus padres?")

En las oraciones interrogativas con el verbo *to be* no se admite la contracción, por lo que la única forma de expresar las preguntas es como lo hemos visto en los ejemplos.

Aunque las respuestas sean "sí" o "no", en inglés no es habitual responder solo *yes* o *no*. La estructura es la misma que hemos visto para las respuestas rápidas del presente simple, solo que el verbo que conjugamos es el *to be*. Veamos esto con ejemplos, prestando atención a cómo funcionan las contracciones de las palabras:

Yes, I am	No, I am not	-	No, I'm not
Yes, you are	No, you are not	No, you aren't	No, you're not
Yes, we are	No, we are not	No, we aren't	No, we're not
Yes, they are	No, they are not	No, they aren't	No, they're not
Yes, he is	No, he is not	No, he isn't	No, he's not
Yes, she is	No, she is not	No, she isn't	No, she's not
Yes, it is	No, it is not	No, it isn't	No, it's not

En conclusión, con respecto a las contracciones, en las respuestas afirmativas no se hacen y en las respuestas negativas podemos hacer los dos tipos de contracciones que ya hemos visto anteriormente.

Al igual que en el presente simple de los verbos regulares, cuando queremos hacer preguntas que no se responden solo con sí o con no, debemos usar las *wh questions*. Por ejemplo:

- *When is your birthday?* ("¿Cuándo es tu cumpleaños?")
- *Where are you from?* ("¿De dónde eres?")
- *What is her name?* ("¿Cuál es su nombre?")
- *Why are the students in the yard?* ("¿Por qué están los estudiantes en el patio?")
- *How are you?* ("¿Cómo estás?")

Países y nacionalidades

Veamos ahora un poco de vocabulario referido a los países y las nacionalidades.

Español	Inglés	Pronunciación	Nacionalidad	Pronunciación
Estados Unidos	*United States*	iu-<u>nai</u>-ted steits	*American*	a-<u>mE</u>-ri-kan

Canadá	*Canada*	<u>ka</u>-nA-da	*Canadian*	ka-<u>neid</u>-dian
Brasil	*Brazil*	bra-<u>zIl</u>	*Brazilian*	bra-<u>zI</u>-lian
Argentina	*Argentina*	ar-jen-<u>tI</u>-na	*Argentinian*	ar-jen-<u>tI</u>-nian
México	*Mexico*	<u>mek</u>-si-ko	*Mexican*	<u>mek</u>-si-kan
Colombia	*Colombia*	ko-<u>lom</u>-bia	*Colombian*	ko-<u>lom</u>-bian
Costa Rica	*Costa Rica*	<u>kos</u>-ta <u>rI</u>-ka	*Costa Rican*	<u>kos</u>-ta <u>rI</u>-kan
Cuba	*Cuba*	<u>kiu</u>-ba	*Cuban*	<u>kiu</u>-ban
Uruguay	*Uruguay*	<u>iu</u>-ru-gwai	*Uruguayan*	<u>iu</u>-ru-gwy-an
Perú	*Peru*	pe-<u>ru</u>	*Peruvian*	pe-<u>ru</u>-vian
Chile	*Chile*	<u>chi</u>-le	*Chilean*	<u>chi</u>-lian
Rusia	*Russia*	<u>ra</u>-sha	*Russian*	<u>ra</u>-shan
Francia	*France*	frAns	*French*	french
España	*Spain*	spein	*Spanish*	<u>spa</u>-nish
Inglaterra	*England*	<u>In</u>-gland	*English*	<u>In</u>-glish
Italia	*Italy*	<u>i</u>-ta-li	*Italian*	i-<u>ta</u>-lyan
Portugal	*Portugal*	<u>por</u>-tu-gal	*Portuguese*	<u>por</u>-tu-gis
Alemania	*Germany*	<u>cher</u>-ma-ni	*German*	<u>cher</u>-man
Grecia	*Greece*	grIs	*Greek*	grIk
Egipto	*Egypt*	<u>I</u>-yipt	*Egyptian*	i-<u>yip</u>-shan
Sudáfrica	*South Africa*	sauth <u>a</u>-fri-ka	*South African*	sauth <u>a</u>-fri-kan
China	*China*	<u>chai</u>-na	*Chinese*	chai-<u>nIs</u>
Japón	*Japan*	ia-<u>pan</u>	*Japanese*	ia-pa-<u>nIs</u>
Australia	*Australia*	os-<u>tre</u>-lya	*Australian*	os-<u>tre</u>-lyan

A diferencia del español, en inglés, cuando hablamos de nacionalidades debemos escribir la palabra con mayúscula, por ejemplo:

- *My friend is Australian* ("Mi amiga es australiana").

- *I'm Japanese, and you?* ("Soy japonés, ¿y tú?").

Trabajos y profesiones

En esta lista, veremos las profesiones u ocupaciones más comunes.

Trabajo o profesión	Traducción	Pronunciación
cocinero/a	*cook*	kuk
arquitecto/a	*architect*	<u>ar</u>-ki-tekt
contador/a	*accountant*	a-<u>kaun</u>-tant
docente	*teacher/professor*	<u>tI</u>-cher/pro-<u>fe</u>-sor
médico/a	*doctor*	<u>dok</u>-tor
abogado/a	*lawyer*	<u>lO</u>-yer
enfermero/a	*nurse*	nErs
carpintero/a	*carpenter*	<u>kAr</u>-pen-ter
mesero/a	*waiter/waitress*	<u>wei</u>-ter/<u>wei</u>-tres
artista	*artist*	<u>Ar</u>-tist
secretario/a	*secretary*	<u>se</u>-kre-ta-ri
niñero/a	*nanny*	<u>na</u>-ni
psicólogo/a	*psychologist*	sai-<u>ko</u>-lo-chist
estudiante	*student*	<u>stiu</u>-dent
ingeniero/a	*engineer*	en-ye-<u>nIr</u>
bombero/a	*firefighter*	<u>faier</u>-fai-ter
policía	*policeman / policewoman*	po-<u>lis</u>-man / po-<u>lis</u>-wu-man
veterinario/a	*vet*	vet
traductor/a	*translator*	trans-<u>lei</u>-tor

Ejercicios

1. Completa las siguientes oraciones usando el pronombre personal que corresponda:
    a. *Does ____ work as a teacher?* (Mabel)
    b. *____ come from Mexico.* (nosotros)
    c. *____ like jazz.* (a mí)
    d. *____ live in Russia.* (Rita y Luis)
    e. *____ watches TV every night.* (Mario)
    f. *____ eats a lot.* (el gato)
    g. *Do ____ play volleyball?* (ustedes)

2. Elige si corresponde un adjetivo posesivo o un pronombre posesivo en cada oración:
    a. *(Her/hers) room is this one.*
    b. *The placer is (my/mine).*
    c. *This problem is (your/yours).*
    d. *He is (ours/our) friend.*

3. Traduce las siguientes oraciones con el adjetivo posesivo que corresponda
    a. Me encanta su chaqueta. / *I love _____ jacket.*
    b. ¿Tienes tu celular? / *Do you have _____ cellphone?*
    c. Mis amigos son los mejores. / *_____ friends are the best.*
    d. No les gustan sus juguetes. / *They don't like _____ toys.*

4. Elige la respuesta correcta para la siguiente pregunta: *How old are you?*
    a. *I have 42 years old.*
    b. *I am 42 years.*
    c. *I have 42.*
    d. *I am 42 years old.*

5. Completa la siguiente conversación:

    ● *Hi! _____ ?*
    ○ *My name is María. And yours?*
    ● *Sandra.*
    ○ *_____, Sandra?*
    ● *I'm from China. And you?*
    ○ *_____ Egypt. Where do you live?*
    ● *_____ Uruguay.*

6. Escribe las nacionalidades de los siguientes países:
    a. *France*
    b. *Greece*
    c. *Peru*
    d. *Mexico*
    e. *Spain*

    f. *United States*
7. En inglés, indica la profesión de cada una de estas personas:
    a. Soy profesora de Matemática. *I'm a* _____ .
    b. Diseño casas. *I'm an* _____ .
    c. La gente me llama cuando hay un incendio. *I'm a* _____ .
    d. Me encargo de curar animales. *I'm a* _____ .
    e. Me encargo de curar personas. *I'm a* _____ .
8. Indica si las siguientes afirmaciones son verdaderas o falsas. Corrige las falsas:
    a. Para conjugar el verbo en presente simple con los sujetos *he, she* o *it*, le agregamos una "s" al verbo.
    b. La tercera persona singular del verbo *to be* es *am*.
    c. Los pronombres posesivos siempre van acompañados del sustantivo.
    d. Los adjetivos posesivos siempre van antes del sustantivo.
9. Conjuga estos verbos en la tercera persona del singular (*he, she, it*) del presente simple
    a. *ask*
    b. *jump*
    c. *study*
    d. *dance*
    e. *dress*
    f. *teach*
10. Ordena las siguientes palabras para formar oraciones:
    a. *name/Perez/My/is/last* _____ .
    b. *plays/Her/tennis/boyfriend* _____ .
    c. *don't/cats/like/We* _____ .
    d. *nurse/a/Martin/is* _____ .

Respuestas

1.
   a. Does <u>she</u> work as a teacher?
   b. <u>We</u> come from Mexico.
   c. <u>I</u> like jazz.
   d. <u>They</u> live in Russia.
   e. <u>He</u> watches TV every night.
   f. <u>It</u> eats a lot.
   g. Do <u>you</u> play volleyball?

2.
   a. Her
   b. mine
   c. yours
   d. our

3.
   a. her/his
   b. your
   c. my
   d. their

4. d: I am 42 years old.

5. ● Hi! <u>What's your name</u>?
   ○ My name is María. And yours?
   ● Sandra.
   ○ <u>Where are you from</u>, Sandra?
   ● I'm from China. And you?
   ○ <u>I'm from</u> Egypt. Where do you live?
   ● <u>I live in</u> Uruguay.

6.
   a. French
   b. Greek
   c. Peruvian
   d. Mexican
   e. Spanish
   f. American

7.
   a. teacher/professor
   b. architect
   c. firefighter

8.

     d. vet

     e. doctor

8.

     a. Verdadero.

     b. Falso, es *is*.

     c. Falso, pueden ir en cualquier lugar de la oración.

     d. Verdadero.

9.

     a. asks

     b. jumps

     c. studies

     d. dances

     e. dresses

     f. teaches

10.

     a. My last name is Perez.

     b. Her boyfriend plays tennis.

     c. We don't like cats.

     d. Martin is a nurse.

Capítulo 3: ¡Llegamos!

I haven't been everywhere, but it's on my list

- Susan Sontag

En este capítulo vamos a abarcar toda la información que necesitamos para movernos de un lugar a otro: los medios de transporte, los lugares turísticos más comunes y las palabras necesarias para describir estos lugares. Además, aprenderemos el presente continuo, un tiempo verbal muy útil para hablar de viajes y muchas cosas más.

Verbos de viaje

Para empezar, veamos los verbos que vamos a necesitar para hablar de viajes, recorridos o trayectos. Los conjugaremos, por ahora, en presente simple: como se ve en la primera fila, con el verbo *to go*, primero está la conjugación para *I, you, we* y *they*, y abajo la conjugación para *she, he* e *it*.

Infinitivo	Presente simple	Pronunciación	Traducción
to go	*I/you/we/they go* *He/she/it goes*	gou gouz	ir
to take	*take* *takes*	teik teiks	tomar
to walk	*walk* *walks*	wOk wOks	caminar
to travel	*travel* *travels*	<u>tra</u>-vel <u>tra</u>-velz	viajar
to fly	*fly* *flies*	flai flaiz	volar
to drive	*drive* *drives*	draiv draivz	conducir
to ride	*ride* *rides*	raid raidz	montar
to sail	*sail* *sails*	seil seilz	navegar

to leave	leave leaves	lIv lIvz	dejar
to arrive	arrive arrives	a-<u>raiv</u> a-<u>raivz</u>	llegar
to catch	catch catches	kach <u>kach</u>-iz	agarrar
to cycle	cycle cycles	<u>saik</u>-el <u>saik</u>-elz	andar en bicicleta

Como vimos, el presente simple se usa para hablar de rutinas o para planes futuros con un horario fijo o fecha determinada. Por ejemplo:

- *I go to Paris every year* ("Voy a París todos los años").
- *The train leaves at 9:30* ("El tren parte a las 9:30").
- *My mom always drives us to school* ("Mi mamá siempre nos lleva en auto a la escuela").
- *She walks home on Mondays* ("Ella camina a casa los lunes").

Presente continuo

El presente continuo es un tiempo verbal muy utilizado en el inglés, que tiene un significado similar a cuando en español usamos el verbo "estar" con un gerundio ("estoy caminando"). Veamos los usos más comunes del presente continuo en inglés con algunos ejemplos:

- Hablar de acciones que **están ocurriendo** en el momento del habla

  I'm eating ("Estoy comiendo").
  They are running ("Ellos están corriendo").
  She is studying ("Ella está estudiando").

- Hablar de hechos **momentáneos o temporales**

  Now I'm studying, but I usually work at this time ("Ahora estoy estudiando, pero usualmente trabajo a esta hora").
  It's snowing! ("¡Está nevando!").
  She is dancing now, but yesterday she was very sad ("Ahora está bailando, pero ayer ella estaba muy triste").

Otro de los usos más comunes es para hablar de acciones o hechos que **ocurrirán en el futuro.** En este caso, si bien en español podemos decir "estoy viajando a Chile la semana que viene", no es muy frecuente, por lo que no hay una traducción literal de este uso del presente continuo.

We are traveling to Cuba next month ("Viajaremos a Cuba el mes que viene").
He is leaving tomorrow morning ("Se irá mañana en la mañana").
I am going to Morocco in two weeks ("Iré a Marruecos en dos semanas").

Como habrás visto, el presente continuo se forma con el verbo auxiliar *to be* conjugado más el verbo principal con la partícula *-ing* al final. Del mismo modo que cuando agregamos la *-s* en la tercera persona del singular para conjugar el verbo en presente simple, hay algunas pocas reglas ortográficas para agregar el *-ing*. Veamos cuáles son:

Cuando el verbo termina en...	...hay que...	Ejemplo
consonante y tiene una sola sílaba o el acento cae en la última sílaba	duplicar la última consonante y agregar *-ing*	*run → running* ("correr") *cut→ cutting* ("cortar") *swim → swimming* ("nadar")
-e muda (que no se pronuncia)	eliminar la *-e* y agregar *-ing*	*date → dating* ("salir") *take → taking* ("tomar") *ride → riding* ("montar")
-ie	reemplazar *-ie* por *-y* y agregar *-ing*	*lie → lying* ("mentir") *die → dying* ("morir") *tie → tying* ("atar")

Oraciones afirmativas

La estructura de las oraciones afirmativas es la siguiente:

- sujeto + auxiliar (verbo *to be* conjugado) + verbo-ing

Veamos algunos ejemplos:

- *I am learning* ("Estoy aprendiendo").
- *He is singing* ("Él está cantando").
- *They are coming tomorrow* ("Ellos vendrán mañana").

Oraciones negativas

Las oraciones negativas en presente contínuo tienen la siguiente estructura:

- sujeto + auxiliar (verbo *to be* conjugado) + *not* + verbo-ing

Veamos algunos ejemplos:

- *I am not drinking tonight* ("No beberé esta noche").
- *It is not raining* ("No está lloviendo").
- *We are not crying* ("No estamos llorando").

Oraciones interrogativas

Por último, veamos la estructura de las preguntas en presente contínuo:

- auxiliar (verbo *to be* conjugado) + sujeto + verbo-ing

Habrás visto que, al igual que sucede con el presente simple, para formular una pregunta, tenemos que cambiar el orden de los elementos de la oración. Aquí te presentamos algunos ejemplos:

- *Are you painting?* ("¿Estás pintando?").
- *Is he kidding?* ("¿Está bromeando?").
- *Am I understanding?* ("¿Estoy entendiendo?").

Medios de transporte

Medio de transporte	Pronunciación	Traducción
car	kAr	coche
plane	plein	avión
taxi/cab	ta-ksi / kab	taxi
train	trein	tren
bus	bas	autobús
bike	baik	bicicleta
motorbike	mo-tor-baik	motocicleta
boat	bout	barco

Cuando usamos estas palabras en una oración, generalmente las mencionamos junto con la preposición *by*. Por ejemplo:

- *I am visiting you by bus* ("Te voy a visitar en autobús").
- *We go to school by car* ("Vamos a la escuela en coche").
- *Susan is traveling to Spain by plane* ("Susan viajará a España en avión").

Hay algunos verbos específicos para cada medio de transporte, que podemos usar en vez de decir *to go by* ("ir en").

- *I go by car → I drive* ("Voy en coche → conduzco").
- *I go by plane → I fly* ("Voy en avión → vuelo").
- *I go by taxi → I take a taxi* ("Voy en taxi → tomo un taxi").
- *I go by train → I take the train* ("Voy en tren → tomo el tren").

- *I go by bus → I take the bus / I catch the bus* ("Voy en autobús → tomo el autobús / cojo el autobús").
- *I go by bike → I cycle / I ride a bike* ("Voy en bicicleta → monto una bicicleta").
- *I go by boat → I sail* ("Voy en barco → navego").

Lugares para visitar

Veamos ahora un poco de vocabulario referido a los sitios turísticos y a los puntos de interés de una ciudad.

Lugar	Pronunciación	Traducción
city	<u>si</u>-ti	ciudad
town center	taun <u>sen</u>-ter	centro de la ciudad
old city / historic center	ould <u>si</u>-ti / his-<u>to</u>-ric <u>sen</u>-ter	ciudad antigua/ centro histórico
museum	miu-<u>sI</u>-um	museo
park / square	park / skwer	parque/plaza
monument	<u>mo</u>-niu-ment	monumento
theater	<u>tI</u>-a-ter	teatro
cinema	<u>si</u>-ne-ma	cine
hotel	hou-<u>tel</u>	hotel
building	<u>bil</u>-ding	edificio
store	stOr	tienda
station	<u>stei</u>-shon	estación
market	<u>mAr</u>-ket	mercado
airport	<u>Er</u>-port	aeropuerto
café	ka-<u>fei</u>	café
beach	bIch	playa
mountain	<u>maun</u>-tin	montaña
river	<u>rI</u>-ver	rio
lake	leik	lago

island	<u>ai</u>-land	isla
desert	<u>de</u>-sert	desierto
road	roud	ruta
street	strIt	calle
block	blok	cuadra/calle

Como has visto, en esta tabla incluímos los vocablos *road, street* y *block*. Esas tres palabras nos servirán mucho para pedir y dar indicaciones, pero antes: veamos los adverbios de lugar.

Adverbios de lugar

Veamos entonces todas las palabras que nos sirven para precisar en dónde se encuentra algo.

Preposition / Adverb	Pronunciation	Translation
in	in	en
on top of	on top ov	encima de
inside of	in-<u>said</u> ov	dentro de
outside of	aut-<u>said</u> ov	fuera de
in front of	in front ov	en frente de
behind	bi-<u>haind</u>	detrás de
between	bi-<u>twin</u>	entre
opposite	<u>o</u>-po-sit	frente a
around	a-<u>raund</u>	alrededor de
near	nier	cerca
far	fAr	lejos
under	<u>an</u>-der	debajo de
next to	nekst to	junto a
on	on	sobre
here	jIr	aquí

there	Dear	allí

Bien, ya tenemos toda la información necesaria para pedir y dar indicaciones. Veamos ahora cuáles son las preguntas que debemos saber.

- *How can I get to ...?* ("¿Cómo puedo llegar a ....?")
- *Where is the ...?* ("¿Dónde está ...?")
- *Is the ... far away?* ("¿El ... está lejos?")
- *Can I go to ... by foot?* ("¿Puedo ir a ... a pie?")
- *Is there a ... nearby?* ("¿Hay un ... cerca?")

Y ahora veamos cuáles son las posibles respuestas:

- *It is far away* ("Está lejos").
- *It is across the street* ("Es cruzando la calle").
- *You have to catch the bus* ("Tienes que coger el autobús").
- *It is 10 blocks away* ("Está a 10 cuadras").
- *It is behind the bus station* ("Está detrás de la estación de autobús").
- *Yes, it is really far* ("Sí, está muy lejos") .
- *Next to the park* ("Junto al parque").
- *Near the airport* ("Cerca del aeropuerto").
- *You can go on foot* ("Puedes ir a pie").
- *It is around this area* ("Está en esta área").

Adjetivos para describir lugares

Adjetivo	Pronunciación	Traducción
amazing	a-<u>mei</u>-zing	increíble
calm	kAlm	tranquilo
noisy	<u>noi</u>-si	ruidoso
touristy	<u>tU</u>-ris-ti	turístico
isolated	<u>ai</u>-so-lei-ted	aislado
crowded	<u>crau</u>-ded	abarrotado
traditional	tra-<u>dI</u>-sho-nal	tradicional
expensive	eks-<u>pen</u>-siv	caro
cheap	chIp	barato

charming	<u>ch</u>Ar-ming	encantador
cold	kould	frío
warm	wOrm	caluroso
sunny	<u>sa</u>-ni	soleado
huge	jiuch	enorme
small	smOl	pequeño
boring	<u>bO</u>-ring	aburrido
historic	his-<u>tO</u>-rik	histórico
picturesque	<u>pik</u>-chu-resk	pintoresco

Al igual que en las oraciones afirmativas que hemos visto, la estructura para describir un lugar es sujeto + verbo + complemento (en este caso, el adjetivo). Por lo general, usaremos el verbo *to be* ("ser"). Veamos algunos ejemplos:

- *The beach is sunny* ("La playa está soleada").
- *The museum is boring* ("El museo es aburrido").
- *The lake is crowded* ("El lago está abarrotado").

Veamos ahora cómo serían estas oraciones negativas o interrogativas:

- *Is the park too noisy?* ("¿El parque es muy ruidoso?")
- *This hotel is not cheap.* ("Este hotel no es barato")
- *Is the hotel small?* ("¿El hotel es pequeño?")
- *The airport is not far.* ("El aeropuerto no está lejos")

Vocabulario

Ahora, para terminar, veamos un poco de vocabulario que te servirá en cualquier viaje.

Vocabulario	Pronunciación	Traducción
sidewalk	<u>plat</u>-fOrm	andén
first class	ferst klas	primera clase
booking	bU-king	reserva
single ticket / one way ticket	singl <u>tI</u>-ket / uan wei <u>tI</u>-ket	boleto de ida

baggage	<u>ba</u>-gech	equipaje
carry-on luggage	<u>ka</u>-rri-on <u>la</u>-gech	equipaje de mano
boarding pass	<u>bOr</u>-ding pas	pase de abordar
customs	<u>kas</u>-toms	aduana
flight	flait	vuelo
landing	<u>lan</u>-ding	aterrizaje
take-off	<u>teik</u>-of	despegue
suitcase	<u>sUt</u>-keis	maleta
driver	<u>drai</u>-ver	conductor
pilot	<u>pai</u>-lot	piloto
bus stop	bas stop	parada de autobús
driving license	<u>drai</u>-ving <u>lai</u>-sens	licencia de conducir
track	trak	vía
give a lift	giv e lift	dar un aventón
stopover	<u>stop</u>-ou-ver	escala
seat	sIt	asiento

Ejercicios

1. Completa las siguientes oraciones con la conjugación correcta del verbo entre paréntesis:
    a. *Everyday, I ____ (caminar) to my house.*
    b. *She _____ (viajar) every week.*
    c. *My mom _____ (tomar) the bus to go to work.*
    d. *We _____ (navegar) on weekends.*
2. ¿Cómo quedan estos verbos si les agregamos *-ing*?
    a. *drive*
    b. *play*
    c. *sing*
    d. *dance*
    e. *live*
3. Completa estas oraciones con los verbos entre paréntesis conjugados en presente continuo:
    a. *I _ _____ (ir) to your house.*

b. *Julia _ _____ (volar) to Italy.*

c. *____ you _____ (partir) tomorrow?*

d. *He ____ not _____ (llegar) next week.*

4. Indica si las siguientes afirmaciones son verdaderas o falsas. Corrige las falsas:

a. La estructura de las oraciones afirmativas del presente continuo es: sujeto + auxiliar + verbo-ing

b. La estructura de las oraciones negativas del presente continuo es: sujeto + *not* + auxiliar + verbo-ing

c. La estructura de las oraciones interrogativas del presente continuo es: auxiliar + sujeto + verbo-ing

5. Completa con el nombre del medio de transporte en inglés:

a. *I have to go to Canada by _____ (avión).*

b. *My father is inviting us to sail in his _____ (barco).*

c. *Pedro loves to ride his _____ (bicicleta).*

d. *They are going by _____ (tren).*

6. Elige uno de los adjetivos entre paréntesis para describir los lugares.

a. *The beach is _____ (historic/calm) today.*

b. *The city center is always _____ (cheap/noisy).*

c. *Don't go to that lake; it's always very _____ (crowded/picturesque).*

d. *It's a _____ (historic/sunny) museum.*

7. ¿Cuál de las siguientes preguntas es correcta?

a. *Can I get to the bus station how?*

b. *How can I get to the bus station?*

c. *The bus station how can I get to?*

8. Completa estas oraciones con los adverbios de lugar en inglés:

a. *The house is _____ (atrás) the bank.*

b. *The park is _____ (al lado) the river.*

c. *The road is _____ (lejos) from the hotel.*

d. *The café is _____ (cerca) the theater.*

9. Pon a prueba tu vocabulario y traduce estas palabras al inglés:

a. equipaje

b. aterrizaje

c. licencia de conducir

d. primera clase

e. vía

10. Completa estas oraciones con un adjetivo que describa cada lugar:

a. *The airport is...*

b. *The desert is...*

c. *The station is...*

d. *The mountain is...*

Respuestas

1.
   a. Everyday, I <u>walk</u> to my house.
   b. She <u>travels</u> every week.
   c. My mom <u>takes</u> the bus to go to work.
   d. We <u>sail</u> on weekends.

2.
   a. driving
   b. playing
   c. singing
   d. dancing
   e. living

3.
   a. I <u>am going</u> to your house.
   b. Julia <u>is flying</u> to Italy.
   c. <u>Are</u> you <u>leaving</u> tomorrow?
   d. He <u>is</u> not <u>arriving</u> next week.

4.
   a. Verdadero
   b. Falso. Es sujeto + auxiliar + *not* + verbo-ing
   c. Verdadero

5.
   a. Plane
   b. Boat
   c. Bike
   d. Train

6.
   a. calm
   b. noisy
   c. crowded
   d. historic

7. b. How can I get to the bus station?

8.
   a. The house is <u>behind</u> the bank.
   b. The park is <u>next to</u> the river.
   c. The road is <u>far</u> from the hotel.
   d. The café is <u>near</u> the theater.

9.
   a. *baggage*
   b. *landing*

c. *drivers license*

d. *first class*

e. *track*

10.

a. The airport is huge.

b. The desert is isolated.

c. The station is crowded.

d. The mountain is beautiful.

Capítulo 4: Vamos de compras

Happiness is not in money, but in shopping

- Marilyn Monroe

Welcome al capítulo 4 de este libro. A continuación, vamos a aprender todo lo necesario para ir de compras en inglés. ¿Empezamos?

Ropa

En este apartado veremos algunas prendas de vestir que puedes querer comprar cuando estés de viaje, junto a su pronunciación y traducción.

Prenda	Pronunciación	Traducción
clothes	clouDz	ropa
t-shirt	<u>ti</u>-shErt	camiseta/remera
shirt	shErt	camisa
pants	pants	pantalones
trousers	<u>trau</u>-sers	pantalones
jeans	chIns	vaqueros
socks	soks	medias/calcetines
sweater	<u>swe</u>-ter	suéter
sweatshirt	<u>swet</u>-shert	sudadera/buzo
trainers	<u>trei</u>-ners	zapatillas deportivas
shoes	shus	zapatos
dress	dres	vestido
skirt	skErt	falda
jacket	<u>cha</u>-ket	chaqueta

coat	cout	abrigo
vest	vest	chaleco
suit	sUt	traje
bag	bag	bolso
backpack	<u>bak</u>-pak	mochila
purse	pErs	bolso/cartera
wallet	<u>wa</u>-let	cartera/billetera
blouse	blaus	blusa
scarf	skarf	bufanda
underwear	<u>an</u>-der-wer	ropa interior
belt	belt	cinturón
hat	hat	sombrero
watch	wach	reloj de mano

Adjetivos para describir prendas

Cuando hablamos de ropa, sobre todo cuando intentamos comprarla, es muy posible que queramos describirla. Sin embargo, antes de hablar de adjetivos, deberíamos aclarar una gran diferencia entre el español y el inglés. Mientras que en español todos los sustantivos tienen género (femenino o masculino), en inglés no sucede lo mismo: en este idioma, los sustantivos no tienen género. Por esta razón, los adjetivos no necesitan concordar en género con el sustantivo y, de hecho, tampoco concuerdan en número. Esto quiere decir que los adjetivos que veremos ahora son invariables, es decir, siempre se mantienen iguales.

Adjetivo	Pronunciación	Traducción
big	big	grande
small	smol	pequeño/a
tiny	<u>tai</u>-ni	diminuto/a
large	larch	grande/a
ugly	agli	feo/a

cute	kiut	lindo/a
nice	nais	bonito/a
beautiful	<u>biu</u>-ti-ful	hermoso/a
awful	<u>O</u>-fol	horrible
expensive	eks-<u>pen</u>-siv	caro/a
cheap	chIp	barato/a
affordable	a-<u>for</u>-da-bl	accesible
economical	i-ko-<u>no</u>-mi-kal	económico/a
valuable	<u>va</u>-liua-bl	valioso/a
perfect	<u>per</u>-fekt	perfecto/a
new	niU	nuevo/a
old	ould	viejo/a
comfortable	<u>kom</u>-for-ta-bl	cómodo/a
short	short	corto
long	long	largo

Colores

Los colores, en inglés y en español, pueden ser adjetivos o sustantivos. Sin embargo, en inglés, sin importar si son adjetivos o sustantivos, la palabra es siempre la misma. Nos damos cuenta cómo se está utilizando en cada oración de acuerdo con los elementos que la rodean y el contexto.

Primero, veremos los colores y, luego, veremos algunos ejemplos que nos ayudarán a distinguir entre sustantivos y adjetivos.

Color	Pronunciación	Traducción
red	red	rojo
blue	blu	azul
yellow	<u>ie</u>-lou	amarillo
violet	<u>vaio</u>-let	violeta
purple	<u>per</u>-pl	morado

lilac	lai-lac	lila
orange	o-rench	naranja
green	grIn	verde
brown	braun	marrón
pink	pink	rosa
black	blak	negro
white	wait	blanco
beige	beich	beige
gray/grey	grEy	gris

Tal vez te preguntes por qué hay dos opciones para decir "gris". La realidad es que, en inglés, algunas palabras se dicen de formas un poco o completamente diferentes de acuerdo con el lugar en el que te encuentres, y "gris" es una de esas palabras. En Estados Unidos, encontrarás que escriben *gray*, mientras que en el Reino Unido escribirán *grey*. Sin embargo, y por suerte, ambas grafías se pronuncian igual.

Ahora veamos algunos ejemplos con estos colores para distinguir si los utilizamos como sustantivos o adjetivos.

- *Red is my favorite color* → sustantivo
  - "El rojo es mi color favorito"
- *The red skirt is my favorite* → adjetivo
  - "La falda roja es mi preferida"

- *I like yellow* → sustantivo
  - "Me gusta el amarillo"
- *I like the yellow jacket* → adjetivo
  - "Me gusta la chaqueta amarilla"

- *Green is a nice color for a dress* → sustantivo
  - "Verde es un lindo color para un vestido"
- *The dress is green* → adjetivo
  - "El vestido es verde"

Como podrás ver, cuando el color está ubicado antes de un sustantivo, se utiliza como adjetivo ya que, en inglés, todos los adjetivos anteceden a los sustantivos. Sin embargo, también podemos verlo después del verbo en el último ejemplo porque se está usando el verbo *is* para describir al vestido. En cambio, nos daremos cuenta que el color está funcionando como sustantivo si es el sujeto o el objeto del que estamos hablando en la oración.

Adverbios de cantidad: *quite, very, really y too*

Así como los adjetivos se utilizan para describir y modificar sustantivos, los adverbios se pueden utilizar para modificar adjetivos. En este caso, veremos cuatro adverbios que se utilizan cotidianamente para modificar sustantivos:

Adverbio	Pronunciación
very	veri
really	r<u>I</u>li
quite	kwait
too	tU

Quite es un adverbio que se podría traducir como "bastante" o "totalmente"; *very* y *really* son muy similares y ambos significan "muy", y, por último, *too* significa "demasiado". Para utilizar estos adverbios, tenemos que ubicarlos antes del adjetivo al que queremos describir o modificar.

¡Veamos algunos ejemplos!

- *How does this skirt look? I think it's <u>quite</u> small* ("¿Cómo se ve esta falda? Yo creo que es bastante pequeña").
- *I think that dress is <u>quite</u> perfect for my wedding* ("Creo que este vestido es totalmente perfecto para mi boda").
- *Those shoes are <u>very</u> ugly, don't you think?* ("Esos zapatos son muy feos, ¿no crees?").
- *Sam's suit is beautiful, but it seems <u>very</u> expensive* ("El traje de Sam es hermoso, pero parece muy caro").
- *Don't you like that dress? I think it's <u>really</u> beautiful* ("¿No te gusta ese vestido? Me parece muy hermoso").
- *My baby's socks are <u>really</u> tiny* ("Los calcetines de mi bebé son muy diminutos").
- *Do you have another hat? This one is <u>too</u> big* ("¿Tienes otro sombrero? Este es demasiado grande").
- *I love these trousers, but they are <u>too</u> expensive for me* ("Me encantan estos pantalones, pero son demasiado caros para mí").

Demostrativos: *this, that, these, those*

Mientras que en español tenemos 15 adjetivos y pronombres demostrativos, *this, that, these* y *those* son los cuatro adjetivos y pronombres demostrativos del inglés. Esto se debe a dos razones. Por un lado, los sustantivos en inglés no tienen género y, por ende, los demostrativos no necesitan concordar con esa categoría gramatical. Por otro lado, esto tiene que ver con la cantidad de niveles de distancia que tiene en cuenta cada idioma. ¿Qué significa esto? Veamos. En español tenemos en cuenta tres niveles de distancia. Usamos "este" cuando nos referimos a algo cercano al hablante, "ese" cuando nos referimos a algo cercano al destinatario, y "aquel" cuando nos referimos a algo lejano a ambos. Por otro lado, en inglés tenemos en cuenta solo dos niveles: cerca del hablante y lejos de él.

Veamos, entonces, a qué demostrativos en español equivaldría cada uno de los demostrativos en inglés.

	Singular		Plural	
	Inglés	Español	Inglés	Español
Cerca del hablante	*this*	este, esta, esto	*these*	estos, estas
Lejos del hablante	*that*	ese, eso, esa, aquello, aquella, aquel	*those*	esos, esas, aquellas, aquellos

Quizá ya lo notaste, pero en los ejemplos del apartado anterior, de hecho, usamos todos estos demostrativos. Volvamos a verlos:

- *How does this skirt look? I think it's quite small* ("¿Cómo se ve esta falda? Yo creo que es bastante pequeña").
- *I think that dress is quite perfect for my wedding* ("Creo que este vestido es totalmente perfecto para mi boda").
- *Those shoes are very ugly, don't you think?* ("Esos zapatos son muy feos, ¿no crees?").
- *Don't you like that dress? I think it's really beautiful* ("¿No te gusta ese vestido? Me parece muy hermoso").
- *Do you have another hat? This one is too big* ("¿Tienes otro sombrero? Este es demasiado grande").
- *I love these trousers, but they are too expensive for me* ("Me encantan estos pantalones, pero son demasiado caros para mí").

Pero ¿por qué dijimos que son **adjetivos** y **pronombres** demostrativos? ¿Cuál es la diferencia? Bueno, estas palabras pueden cumplir esas dos funciones. En todos los ejemplos anteriores, se utilizan como adjetivos, porque están ubicados antes del sustantivo (el lugar que siempre tienen los adjetivos en inglés, ¿recuerdas?). En cambio, si quisiéramos usarlos como pronombres, no deberían estar seguidos de ningún sustantivo. Esto se debe a que, como dijimos antes, los pronombres se usan para reemplazar el objeto al que nos estamos refiriendo. Entonces, veamos cómo usar los demostrativos de los ejemplos anteriores como pronombres en vez de como adjetivos:

- *How does this look? I think it's quite small* ("¿Cómo se ve esto? Yo creo que es bastante pequeño").
- *I think that is quite perfect for my wedding* ("Creo que eso es totalmente perfecto para mi

boda").

- *Those are very ugly, don't you think?* ("Esos son muy feos, ¿no crees?").
- *Don't you like that? I think it's really beautiful* ("¿No te gusta eso? Me parece muy hermoso").
- *Do you have another hat? This is too big* ("¿Tienes otro sombrero? Este es demasiado grande").
- *I love these, but they are too expensive for me* ("Me encantan estos, pero son demasiado caros para mí").

Antes de pasar al siguiente tema, deberíamos hablar sobre la pronunciación de estos demostrativos. Primero, veámoslos en la siguiente tabla.

Demostrativo	Pronunciación
this	Dis
that	Dat
these	DIs
those	Dous

Todos los demostrativos en inglés utilizan el sonido de la TH que es similar a una D, pero que se pronuncia poniendo la lengua en los dientes, ¿lo recuerdas? Por eso en la pronunciación pusimos una D mayúscula.

Pero, además, verás que *this* y *these* tienen pronunciaciones parecidas. ¿Cómo los diferenciamos? Bueno, *this* se pronuncia con una I corta, mientras que *these* se pronuncia con una I larga. Por eso en inglés es tan importante prestar atención a las vocales, ¡solo la longitud de una de ellas puede cambiarle el significado a toda la palabra!

Posesivos con 's

Ya vimos los pronombres posesivos en el segundo capítulo, pero en inglés hay otra manera de hablar de algo que le pertenece a alguien. Se forma agregando un apóstrofo (') + la letra S al final del nombre de la persona o cosa que posee el objeto. Esto quizás suene más complicado de lo que es y, seguramente, ya lo has visto en uso alguna vez.

Veremos algunos ejemplos con el pronombre posesivo y luego escribiremos esos mismos ejemplos con 's:

- *That is his jacket* ("Esa es su chaqueta").
- *That is Joe's jacket* ("Esa es la chaqueta de Joe").

- *These are her trousers* ("Estos son sus pantalones").
- *These are Sara's trousers* ("Estos son los pantalones de Sara").

- *This is his vest* ("Este es su chaleco").

- *This is my <u>dog's</u> vest* ("Este es el chaleco de mi perro").

Podemos marcar posesión de esta forma agregándole 's a nombres de personas, animales, lugares, organizaciones y empresas, pero en general no se utiliza con cosas que no estén vivas o que no involucren cosas vivas.

De hecho, ya habíamos visto un ejemplo de este uso del apóstrofo + S antes:

- *<u>Sam's</u> suit is beautiful, but it seems very expensive* ("El traje de Sam es hermoso, pero parece muy caro").

Y seguramente hayas visto la 's en marcas como McDonald's y Wendy's muchas veces.

¿Qué pasa si queremos decir que algo es de más de una persona? En ese caso, no tenemos que poner el apóstrofo y la S detrás de cada nombre, sino solo detrás del último nombre. Veamos un ejemplo:

- *Phil and Julie's clothes are comfortable* ("La ropa de Phil y Julie es cómoda").

Verbos: *to like, to love* y *to hate*

En los apartados anteriores también vimos algunos ejemplos con los verbos *to like* y *to love*, que son los verbos que usamos para decir que algo nos gusta. Veámoslos de nuevo:

- *I <u>like</u> yellow* ("Me gusta el amarillo").
- *I <u>like</u> the yellow jacket* ("Me gusta la chaqueta amarilla").
- *Don't you <u>like</u> that dress? I think it's really beautiful* ("¿No te gusta ese vestido? Me parece muy hermoso").
- *I <u>love</u> these trousers, but they are too expensive for me* ("Me encantan estos pantalones, pero son demasiado caros para mí").

Seguramente hayas escuchado estos dos verbos en algún momento y sepas que *to like* significa "gustar" y *to love* significa "encantar" o "amar". Ambos son verbos regulares que se utilizan para hablar de gustos. En cambio, *to hate* se usa para hablar de cosas que odiamos.

En general, todos estos verbos se utilizan en presente simple porque cuando decimos que algo nos gusta, nos encanta o que lo odiamos, se trata de un hecho o algo que nos sucede siempre y no en un momento específico.

A diferencia del español, en inglés, cuando hablamos de gustos, la estructura de la oración no cambia. Seguimos la fórmula que ya vimos:

- Sujeto + *like/love/hate* + complemento

Veamos algunos ejemplos con estos verbos:

- *I <u>like</u> that T-shirt. Is it new?* ("Me gusta esa camiseta. ¿Es nueva?")
- *We <u>like</u> your sweater. It's really cute.* ("Nos gusta tu suéter. Es muy lindo")
- *I <u>love</u> my new shoes, they are comfortable.* ("Me encantan mi nuevos zapatos, son cómodos")
- *They are talking about your backpack, they <u>love</u> it.* ("Están hablando de tu mochila, les

encanta")
- *Lila <u>hates</u> her dress, it's too short.* ("Lila odia el vestido, es demasiado corto")
- *You <u>hate</u> that shirt, why are you wearing it?* ("Odias esa camisa, ¿por qué la estás usando?")

Frases útiles

Frase	Pronunciación	Traducción
How much is this?	hau mach is Dis	¿Cuánto cuesta esto?
Can I try it on?	kan ai trai it on	¿Puedo probármelo?
Does this look good?	das Dis lUk gUd	¿Esto queda bien?
Do you have this in my size?	du iU hAv Dis in mai saiz	¿Tienes esto en mi talla?
Do you have a smaller/larger size?	du iU hav e smoler/larcher saiz	¿Tienes una talla más chica/grande?
Do you have this in another color?	du iU hav Dis in a-<u>na</u>-Der <u>ko</u>-lor	¿Tienes esto en otro color?
Can you help me find...?	kan iU help mi faind...	¿Puedes ayudarme a encontrar...?
How does it look?	hau das it lUk	¿Cómo queda?
Do you accept credit cards?	du iU aksept <u>kre</u>-dit kards	¿Aceptan tarjetas de crédito?
Can I change it?	kan ai cheinch it	¿Puedo cambiarlo?
Can I return it?	kan ai ri-<u>tern</u> it	¿Puedo devolverlo?
It's a gift. Can you wrap it?	its e gift. kan iU rAp it	Es un regalo. ¿Puedes envolverlo?

Ejercicios

1. Une las prendas en inglés con sus traducciones al castellano

a. *scarf*   i. *calcetines*
b. *sweatshirt*   ii. *cartera*
c. *trainers*   iii. *chaleco*
d. *socks*   iv. *bufanda*
e. *vest*   v. *zapatillas*
f. *wallet*   vi. *sudadera*

2. Ordena las siguientes palabras para formar oraciones:
    a. *small/like/backpack/the/I*
    b. *dress/beautiful/is/the*
    c. *is/expensive/suit/my*
    d. *jeans/new/the/big/are*

3. ¿Cuáles son los nombres en inglés de estos colores?
    a. amarillo
    b. negro
    c. verde
    d. marrón
    e. gris

4. ¿Cuáles de las siguientes oraciones son correctas? Corrige las incorrectas.
    a. *The shirt is quite big.*
    b. *These shoes is too large.*
    c. *This belt is expensive very.*
    d. *These jeans are too big*
    e. *The sweater is cheap quite.*
    f. *That purse is very valuable.*

5. Completa las siguientes oraciones con los demostrativos *this* o *these* según corresponda.
    a. *I like _____ jeans.*
    b. *Do you like _____ old shirt?*
    c. *_____ purse is ugly.*
    d. *_____ trousers are nice.*
    e. *Do you have _____ trainers in my size?*

6. Completa las siguientes oraciones con los demostrativos *that* o *those* según corresponda.
    a. *Look at _____ shoe, it's very big!*
    b. *_____ dresses are beautiful!*
    c. *I like _____ skirt.*
    d. *Do you like _____ jacket?*
    e. *_____ clothes look great on you!*

7. Convierte estas oraciones con pronombres posesivos a oraciones con apóstrofo + S (*'s*) utilizando el nombre entre paréntesis.

a. *These shoes are hers. (Lisa)*
b. *This is his bag. (Peter)*
c. *These are their clothes. (Rosa and Lila)*
d. *Those long pants are hers. (Ashley)*

8. Completa las siguientes oraciones con la forma correcta de *to like, to love* y *to hate*.
   a. *I _____ (not like) your trousers.*
   b. *She _____ (love) the new suit.*
   c. *Mario _____ (hate) his new jacket.*
   d. *We _____ (love) dresses.*
   e. *Charles and Mike _____ (like) funny socks.*
   f. *Francis _____ (not hate) skirts, she just _____ (not like) wearing them.*

9. ¿Cuál de las siguientes frases usarías para pedir una prenda en tu talla?
   a. *Can I try it on?*
   b. *Do you have this in another color?*
   c. *Do you have this in my size?*
   d. *How does it look?*

10. ¿Cuál de las siguientes frases usarías para pedir que envuelvan un regalo?
   a. *It's a gift. Can you wrap it?*
   b. *Can you help me find a shirt?*
   c. *Do you have a larger size?*
   d. *Can I return it?*

Respuestas

1.

    a. *scarf* - iv. bufanda

    b. *sweatshirt* - vi. sudadera

    c. *trainers* - v. zapatillas

    d. *socks* - i. calcetines

    e. *vest* - iii. chaleco

    f. *wallet* - ii. cartera

2.

    a. I like the small backpack.

    b. The dress is beautiful.

    c. My suit is expensive.

    d. The new jeans are big. / The big jeans are new.

3.

    a. yellow

    b. black

    c. green

    d. brown

    e. gray / grey

4.

    a. Correcta.

    b. Incorrecta. These shoes are too large.

    c. Incorrecta. This belt is very expensive.

    d. Correcta.

    e. Incorrecta. The sweater is quite cheap

    f. Correcta.

5.

    a. these

    b. this

    c. this

    d. these

    e. these

6.

    a. that

    b. those

    c. that

    d. that

    e. those

7.

    a. These are Lisa's shoes.

b. This is Peter's bag.

c. These are Rosa and Lila's clothes.

d. Those long pants are Ashley's.

8.

a. don't like

b. loves

c. hates

d. love

e. like

f. doesn't hate - doesn't like

9. c. Do you have this in my size?

10. a. It's a gift. Can you wrap it?

Capítulo 5: ¿Qué comemos?

When I eat with my friends, it is a moment of real pleasure, when I really enjoy my life.

- Mónica Bellucci

En este capítulo, repasaremos el vocabulario adecuado para referirnos a la comida y los verbos más frecuentes vinculados con la alimentación.

Comidas

Para empezar, veamos algunas frases que serán muy útiles a la hora de sentarnos a comer en un restaurante.

Frase	Pronunciación	Traducción
I want a table for...	ai wont e teibl for	Quiero una mesa para...
What's today's special?	wats tu-<u>deis</u> <u>spe</u>-shal	¿Cuál es el especial del día?
Can I see the restaurant menu?	kan ai sI De <u>res</u>-tO-rant <u>me</u>-niu	¿Puedo ver la carta?
What's on this meal?	wats on Dis mIl	¿Qué lleva este plato?
I would like to order...	ai wUd laik to <u>Or</u>-der	Me gustaría pedir...
Can you bring the bill, please?	kan iU bring the bil plIs	¿Podrías traer la cuenta?
What do you want to eat?	wat du iU wont tu It	¿Qué quieres comer?

Ahora, veamos una lista de vocabulario para saber cómo referirnos a las comidas en general.

Vocabulario	Pronunciación	Traducción
food	fUd	comida
restaurant	<u>res</u>-tO-rant	restaurante
restaurant menu	<u>res</u>-tO-rant <u>me</u>-niu	carta
breakfast	<u>brek</u>-fast	desayuno

lunch	lanch	almuerzo
dinner	<u>di</u>-ner	cena
starter	<u>stAr</u>-ter	entrada
first course	ferst cOrs	primer plato
second course	<u>se</u>-kond cOrs	segundo plato
dessert	di-<u>sert</u>	postre
appetizer	<u>a</u>-pi-tai-zer	aperitivo
dish	dish	plato
fork	fork	tenedor
knife	naif	cuchillo
spoon	spUn	cuchara
glass	glas	vaso
cup	kap	copa
napkin	<u>nap</u>-kin	servilleta
bill	bil	cuenta

Veamos ahora cómo se dicen algunas comidas, ¡intenta llegar al final de la lista sin que te dé hambre!

Comida	Pronunciación	Traducción
biscuits	<u>bis</u>-kits	galletas
milk	milk	leche
fruit	frUt	fruta
apple	apl	manzana
orange	<u>o</u>-rench	naranja
banana	ba-<u>na</u>-na	banana
strawberry	<u>strO</u>-be-ri	fresa
sugar	<u>shu</u>-gar	azúcar

toast	toust	tostada
bread	brEd	pan
eggs	egs	huevos
coffee	ko-fI	café
tea	tI	té
vegetables	ve-ch-te-blz	vegetales
tomato	to-mei-tou/to-ma-tou	tomate
lettuce	le-dis	lechuga
carrot	ka-rot	zanahoria
onion	o-nyon	cebolla
potato	po-tei-to	patata
lemmon	le-mon	limón
sweet potato	suit po-tei-to	batata
cheese	chIs	queso
ham	jam	jamón
fish	fish	pescado
meat	mIt	carne
chicken	chi-ken	pollo
rice	rais	arroz
noodles	nU-dls	fideos
soup	sUp	sopa
salad	sa-lad	ensalada
burger	ber-ger	hamburguesa
hot dog	hot dog	perro caliente
french fries	french frais	papas fritas
ice cream	ais krIm	helado

¿Y si quisiéramos seguir una receta? Veamos algunos verbos para poner manos a la obra en la cocina.

Verbo	Pronunciación	Traducción
to bake	beik	hornear
to boil	boil	hervir
to fry	frai	freír
to grill	gril	asar
to steam	stIm	cocinar al vapor
to stew	stU	guisar
to cut	kat	cortar
to mix	miks	mezclar
to peel	pIl	pelar
to soak	souk	remojar
to knead	nId	amasar
to pour	pOr	verter

Gustos

Ya hemos visto en el capítulo anterior los verbos *to like, to love* y *to hate*, que podemos usar para hablar de comidas. Veamos entonces ahora algunos adjetivos que podemos combinar con estos verbos.

Adjetivo	Pronunciación	Traducción
delicious	de-li-shos	delicioso
tasty	teis-ti	rico
disgusting	dis-gas-ting	asqueroso
hot	hot	caliente
cold	kould	frío
savory	sei-vo-ri	salado
acid	a-sid	ácido

sweet	swIt	dulce
bitter	<u>bi</u>-ter	amargo
salty	<u>sol</u>-ti	salado
spicy	<u>spai</u>-si	picante
oily	<u>oi</u>-li	aceitoso
exquisite	eks-<u>kui</u>-sit	exquisito
healthy	<u>jel</u>-fi	saludable
burned	bErnd	quemado
cloying	<u>clo</u>-ing	empalagoso
fresh	fresh	fresco
dry	drai	seco

Para describir un plato, generalmente, utilizamos el verbo *to be* seguido de estos adjetivos. Además, como estamos hablando de comida, los pronombres personales que utilizamos siempre son *it* y *they*. Por ejemplo:

- *This meat is too dry* ("Esta carne está muy seca").
- *I don't like fish, it's disgusting* ("No me gusta el pescado, es asqueroso").
- *I love this salad, it's so healthy* ("Me encanta esta ensalada, es tan saludable").
- *The burger is cold* ("La hamburguesa está fría").
- *I hate french fries, they're too oily* ("Odio las papas fritas, son muy aceitosas").

Comparativos y superlativos

Ahora veamos cómo usar estos adjetivos cuando queremos compararlos con algo (o con todo).

Comparativos de superioridad

Cuando queremos decir que algo nos gusta más que otra cosa, (que es más rico, que es más salado, etc.) usamos los comparativos de superioridad. Para esto, debemos modificar el adjetivo: agregamos la partícula *-er* al final de la palabra. Como siempre, dependiendo de cómo sea la terminación del adjetivo, debemos conocer algunas simples reglas:

Cuando el adjetivo es...	...hay que...	Ejemplos
de una sílaba	agregar *-er*	*cold→colder* ("más frío")

de una sílaba y termina en *-e*	agregar *-r*	*nice→nicer* ("más agradable")
de una sílaba y termina en consonante + vocal + consonante	duplicar la consonante y agregar *-er*	*hot→hotter* ("más caliente")
de dos sílabas y termina en *-y*	reemplazar *y* por *i* y agregar *-er*	*salty→saltier* ("más salado")
de dos o más sílabas	agregar *more* antes del adjetivo sin modificarlo	*disgusting→more disgusting* ("más asqueroso")

Además de estas reglas, hay algunos adjetivos muy comunes que son **irregulares**, es decir, que no siguen estas reglas:

- *good→better* ("bueno→mejor")
- *bad→worse* ("malo→peor")
- *far→farther* ("lejos→más lejos")
- *little→less* ("poco→menos")

Para formar oraciones comparativas de superioridad, debemos incluir la palabra *than* luego del adjetivo. Veamos algunos ejemplos:

- *My dish is better than yours* ("Mi plato es mejor que el tuyo").
- *This burger is spicier than that one* ("Esta hamburguesa está más picante que esa").
- *Chicken is drier than beef* ("El pollo es más seco que la carne").
- *Your dish is more expensive than mine* ("Tu plato es más caro que el mío").

Comparativos de inferioridad

Para decir que algo es menos que otra cosa, no necesitamos modificar el adjetivo. Solo debemos agregar *not as... as...* o *less... than...* Veamos algunos ejemplos:

- *The meat is not as good as the fish* ("La carne no está tan buena como el pescado").
- *The hot dog is less healthy than the salad* ("El perro caliente es menos saludable que la ensalada").
- *My dish is not as tasty as yours* ("Mi platillo no está tan sabroso como el tuyo").
- *His french fries are less salty than yours* ("Sus papas fritas están menos saladas que las tuyas").

Comparativos de igualdad

Por último, cuando queremos comparar dos términos iguales, usamos *as... as,* sin modificar el adjetivo. Por ejemplo:

- *Tomatoes are as fresh as the lettuce* ("Los tomates están tan frescos como la lechuga").

- *This orange is <u>as acid as</u> a lemmon* ("Está naranja está ácida como un limón").
- *These potatoes are <u>as tasty as</u> the beef* ("Estas patatas está tan sabrosas como la carne").

Superlativos

Cuando utilizamos comparativos, estamos estableciendo una relación entre **dos** elementos. Si queremos destacar un elemento por encima del resto de su clase, utilizamos los superlativos.

Aquí también debemos modificar el adjetivo, pero en este caso, agregamos la partícula *-est*. Además, debemos incluir el artículo *the* para formar la oración. Las reglas para modificar el adjetivo son parecidas a las que vimos para los comparativos de superioridad, ¡esto hace que sean fáciles de recordar! Veamos cuáles son:

Cuando el adjetivo es...	...hay que...	Ejemplos
de una sílaba	agregar *-est*	*cold→coldest*
de una sílaba y termina en *-e*	agregar *-st*	*nice→nicest*
de una sílaba y termina en consonante + vocal + consonante	duplicar la consonante y agregar *-est*	*hot→hottest*
de dos sílabas y termina en *-y*	reemplazar *y* por *i* y agregar *-est*	*salty→saltiest*
de dos o más sílabas	agregar *the most* antes del adjetivo sin modificarlo	*disgusting→the most disgusting*

Y los adjetivos irregulares que vimos antes se forman de la siguiente manera:

- *good→best* ("bueno→el mejor")
- *bad→worst* ("malo→el peor")
- *far→farthest* ("lejos→el más lejos")
- *little→least* ("poco→el menos")

Veamos cómo funciona esto en distintas oraciones:

- *French fries are <u>the most delicious</u> food* ("Las patatas fritas son la comida más deliciosa").
- *This is <u>the worst</u> fish in the world* ("Este es el peor pescado del mundo").
- *I want <u>the spiciest</u> soup* ("Quiero la sopa más picante").

Verbos

Al igual que en español, cuando hablamos de comida o de comer, usamos verbos específicos. Veamos algunos de ellos y cómo se conjugan tanto en presente simple como en presente continuo.

To eat

Si vamos a hablar de alimentos, debemos empezar por el verbo "comer", que se traduce al inglés como *to eat*. Veamos su conjugación:

Persona	Presente simple	Presente continuo
I		*am eating*
We	*eat*	*are eating*
You		
They		
He	*eats*	*is eating*
She		
It		

Ahora, algunos ejemplos:

- *I eat dinner at 8:30 p.m.* ("Yo ceno a las 8:30 de la noche").
- *She eats a lot of fruit* ("Ella come mucha fruta").
- *We don't eat meat* ("Nosotros no comemos carne").
- *Are you eating my food?* ("¿Te estás comiendo mi comida?").

To be

Como ya vimos, podemos usar el verbo *to be* para describir la comida. Pero también podemos usarlo para expresar cómo nos sentimos respecto a ella. Veamos algunos adjetivos para expresar que tenemos hambre, que estamos sedientos o que ya no queremos comer más.

Término	Pronunciación	Traducción
hungry	<u>han</u>-gri	hambriento/a

starving	st<u>Ar</u>-ving	famélico/a
full	ful	lleno/a
satisfied	<u>sa</u>-tis-faid	satisfecho/a
thirsty	<u>zers</u>-ti	sediento/a
hydrated	<u>hai</u>-drei-ted	hidratado/a

Estas palabras se usan con el verbo *to be*. Veamos algunos ejemplos:

- *I am hungry* ("Estoy hambriento").
- *Please, give her something to eat, she is starving* ("Por favor, denle comida, está famélica").
- *No, thanks, I'm full* ("No, gracias, estoy lleno").
- *Are you satisfied?* ("¿Están satisfechos?").
- *Can you bring us water? He is thirsty* ("¿Puedes traernos agua? Está sediento").
- *Finally, I'm hydrated!* ("Finalmente, ¡estoy hidratada!")

To have

El verbo *to have* tiene muchísimos usos. En relación con la comida, lo usamos para referirnos a las distintas comidas del día. Sin embargo, esto no tiene una traducción literal al español. Veamos algunos ejemplos:

- *I am <u>having dinner</u>* ("Estoy cenando").
- *She <u>has lunch</u> at the office every day* ("Ella almuerza en la oficina todos los días").
- *We <u>are having breakfast</u> at 8 a.m. tomorrow* ("Desayunaremos a las 8 mañana").

Ejercicios

1. Ordena las siguientes palabras para formar oraciones:
    a. *want/for 3/table/a/I*
    b. *us/bill,/you/Can/bring/the/please?*
    c. *today's/What's/special?*
    d. *soup,/want/I/please/the*
2. Une cada palabra con su traducción
    a. *dinner*   1. servilleta
    b. *knife*   2. postre
    c. *lunch*   3. cena
    d. *napkin*   4. cuchillo
    e. *breakfast*   5. almuerzo
    f. *dessert*   6. desayuno
3. Divide los alimentos de la siguiente lista entre los que comúnmente se comen en el desayuno y los que se suelen comer en el almuerzo o la cena: *soup, fish, milk, vegetables, biscuits, tea, toast, onion, sugar, noodles*
4. Completa las siguientes oraciones con la conjugación correcta del verbo entre paréntesis:
    a. *My mom usually _____ (asar) the meat.*
    b. *Right now, Carlos ____ _____ (cortar) all the vegetables.*
    c. *You have to _____ (pelar) the carrots.*
    d. *I ____ _____ (mezclar) the fish with the potatoes.*
5. Decide si en las siguientes oraciones corresponde usar *like, love* o *hate*:
    a. *I _____ this meal, it's disgusting.*
    b. *I _____ ice cream, it's delicious!*
    c. *I _____ this salad, it's super fresh.*
6. Modifica los siguientes adjetivos para usarlos en una oración comparativa de superioridad
    a. *tasty*
    b. *delicious*
    c. *good*
    d. *sweet*
    e. *acid*
7. ¿Cuáles de las siguientes oraciones son correctas? Corrige las incorrectas.
    a. *The tea is as hotter as the coffee.*
    b. *My bread is drier than yours.*
    c. *This dish is less tasty than that one.*
    d. *The soup is not as healthier as the salad.*
8. Completa las siguientes oraciones con el adjetivo superlativo
    a. *This is the _____ (seco) fish of all.*
    b. *Fruit and eggs are the _____ (mejor) breakfast!*
    c. *Please, bring me the _____ (salado) dish.*
9. Decide si en las siguientes oraciones corresponde usar *to eat, to be* o *to have*. Complétalas conjugando los verbos en el tiempo correcto.

     a. *She _____ an apple every morning.*
     b. *We _____ starving!*
     c. *I __ _____ dinner now.*
     d. *_____ you thirsty? Do you want some water?*
     e. *They want to _____ now, they _____ hungry.*

10. Escribe en inglés las siguientes oraciones:
     a. Robert está satisfecho.
     b. Nosotros estamos almorzando.
     c. Marina come lechuga.

Respuestas

1.
   a. I want a table for 3.
   b. Can you bring us the bill, please?
   c. What's today's special?
   d. I want the soup, please.

2.
   a. *dinner*   3. cena
   b. *knife*   4. cuchillo
   c. *lunch*   5. almuerzo
   d. *napkin*   1. servilleta
   e. *breakfast*   6. desayuno
   f. *dessert*   2. postre

3. Desayuno: *milk, biscuits, tea, toast, sugar. Cena: soup, fish, vegetables, onion, noodles.*

4.
   a. *My mom usually <u>grills</u> the meat.*
   b. *Right now, Carlos <u>is cutting</u> all the vegetables.*
   c. *You have to <u>peel</u> the carrots.*
   d. *I <u>am mixing</u> the fish with the potatoes.*

5.
   a. *I <u>hate</u> this meal, it's disgusting.*
   b. *I <u>love</u> ice cream, it's delicious!*
   c. *I <u>like</u> this salad, it's super fresh.*

6.
   a. *tastier*
   b. *more delicious*
   c. *better*
   d. *sweeter*
   e. *more acid*

7.
   a. Incorrecta. The tea is as hot as the coffee.
   b. Correcta.
   c. Correcta.
   d. Incorrecta. The soup is not as healthy as the salad.

8.
   a. This is the <u>driest</u> fish of all
   b. Fruit and eggs are the <u>best</u> breakfast!
   c. Please, bring me the <u>saltiest</u> dish.

9.
   a. *She <u>eats</u> an apple every morning.*
   b. *We <u>are</u> starving!*
   c. *I <u>am having</u> dinner now.*

    d. *<u>Are</u> you thirsty? Do you want some water?*

    e. *They want to <u>eat</u> now, they <u>are</u> hungry.*

10..

    a. *Robert is satisfied.*

    b. *We are having lunch.*

    c. *Marina eats lettuce.*

Capítulo 6: Es de familia

Family is not an important thing. It's everything.

- Michael J. Fox

¡Llegamos al último capítulo! Y terminaremos de la mejor manera. En este capítulo nos enfocaremos en los miembros de la familia y cómo describir su apariencia y personalidad. Además, hablaremos sobre el verbo *to have* y haremos una introducción breve al pasado simple del inglés.

Verbo: *to have*

To have es un verbo que en español se podría traducir como "tener", así que es probable que ya lo hayas escuchado alguna vez. En este capítulo lo usaremos para hablar de los miembros de la familia, de las apariencias e incluso lo llevaremos al pasado y veremos su conjugación.

La particularidad de *to have* es que es un verbo irregular, así que veamos primero su conjugación en presente simple y presente continuo: los dos tiempos verbales que ya vimos.

Persona	Presente simple	Presente continuo
I	*have*	*am having*
you	*have*	*are having*
he/she/it	*has*	*is having*
we	*have*	*are having*
you	*have*	*are having*
they	*have*	*are having*

En esta tabla, podemos ver que en la tercera persona del presente simple, *have* se convierte en *has*, por ahora, ese es el único cambio que lo hace irregular.

Para hablar de los miembros de nuestra familia, podemos usar este verbo, así que primero veamos cómo tenemos que llamar a los miembros de la familia en inglés y luego veamos algunos ejemplos con *have*.

Miembros de la familia

Miembro de la familia	Pronunciación	Traducción
mother	ma-Der	madre
father	fa-Der	padre
parents	pE-rents	padres
mom	mam	mamá
dad	dad	papá
son	san	hijo
daughter	dO-ter	hija
children	chil-dren	hijos
husband	hAz-band	esposo
wife	waif	esposa
boyfriend	boi-frend	novio
girlfriend	gerl-frend	novia
brother	bra-Der	hermano
sister	sis-ter	hermana
siblings	si-blings	hermanos
grandfather	grand-fa-Der	abuelo
grandmother	grand-ma-Der	abuela
grandparents	gran-pE-rents	abuelos
grandson	grand-san	nieto
granddaughter	grand-dO-ter	nieta
grandchildren	grand-chil-dren	nietos
cousin	kO-sin	primo/a
uncle	an-kle	tío

aunt	<u>Ant</u>	tía
nephew	<u>ne</u>-fiu	sobrino
niece	nIs	sobrina
father-in-law	<u>fa</u>-Der-in-<u>lO</u>	suegro
mother-in-law	<u>ma</u>-Der-in-<u>lO</u>	suegra
son-in-law	<u>san</u>-in-<u>lO</u>	yerno
daughter-in-law	<u>dO</u>-ter-in-<u>lO</u>	nuera
brother-in-law	<u>bra</u>-Der-in-<u>lO</u>	cuñado
sister-in-law	<u>sis</u>-ter-in-<u>lO</u>	cuñada
stepfather	<u>step</u>-<u>fa</u>-Der	padrastro
stepmother	<u>step</u>-<u>ma</u>-Der	madrastra
stepbrother	<u>step</u>-<u>bra</u>-Der	hermanastro
stepsister	<u>step</u>-<u>sis</u>-ter	hermanastra
stepson	<u>step</u>-san	hijastro
stepdaughter	<u>step</u>-<u>dO</u>-ter	hijastra
half-brother	<u>haf</u>-<u>brA</u>-Der	medio hermano
half-sister	<u>haf</u>-<u>sis</u>-ter	media hermana

Y, aunque no sean miembros de la familia, también existen otras personas cercanas que quizá valga la pena mencionar también:

Noun	Pronunciation	Translation
friend	frend	amigo/a
colleague	<u>ko</u>-lIg	colega
business partner	<u>biz</u>-nes <u>pArt</u>-ner	socio/a
boss	bos	jefe/a
godfather	<u>god</u>-<u>fA</u>-Der	padrino

godmother	god-mA-Der	madrina
godson	god-san	ahijado
goddaughter	god-dO-ter	ahijada
neighbor	ney-bor	vecino/a

Es hora de ver algunos ejemplos sobre cómo usar todo este vocabulario.

Por un lado, podemos usar el verbo *to have* de las siguientes formas:

- *I have two brothers and a sister* ("Tengo dos hermanos y una hermana").
- *I have 12 cousins* ("Tengo 12 primos").
- *I don't have siblings, I'm an only child* ("No tengo hermanos, soy hija única").
- *I don't have children* ("No tengo hijos").
- *I don't have uncles, I have two aunts* ("No tengo tíos, tengo dos tías").

Si queremos hablar de la cantidad de personas que hay en nuestro núcleo familiar, también podemos hacerlo de la siguiente manera:

- *There are three of us in my family: my mother, my father, and me* ("En mi familia somos tres: mi madre, mi padre y yo).
- *There are five of us in my family: my wife, my 2 daughters, my son, and me* ("Somos cinco en mi familia: mi esposa, mis dos hijas, mi hijo y yo").

Adjetivos para describir personas

En esta sección veremos mucho vocabulario para describir la apariencia y la personalidad de las personas, pero además veremos cómo usar ese vocabulario con algunas frases y verbos.

Apariencia

Para describir la apariencia física de una persona, podemos utilizar los adjetivos de la siguiente tabla.

Adjetivo	Pronunciación	Traducción
tall	tOl	alto/a
short	short	bajo/a
lean	lIn	delgado/a
skinny	ski-ni	delgado/a
thin	thin	delgado/a

fat	fat	gordo/a
fit	fit	en forma
stout	staut	corpulento/a
large	lArch	grande
small	smOl	pequeño/a
redhead	red-hed	pelirrojo/a
blonde	blond	rubio/a
bald	bold	calvo/a
old	ould	viejo/a
young	yang	joven
little	litl	pequeño/a

Podemos usar todos estos adjetivos simplemente con el verbo *to be*, como lo haríamos en español. Veamos algunos ejemplos:

- *My cousin is thin* ("Mi prima es delgada").
- *Philip is old and fit* ("Philip es viejo y está en forma").
- *My brother is short* ("Mi hermano es bajo").
- *My grandsons are bald* ("Mis nietos son calvos").

Como estamos hablando de adjetivos, también podemos anteponerlos a un sustantivo para hablar de una persona con ciertas características.

Por ejemplo:

- *Those young boys are my neighbors.* ("Esos chicos jóvenes son mis vecinos")
- *Who is that blond woman?* ("Quién es esa mujer rubia?")
- *That tall young man is my brother.* ("Ese joven alto es mi hermano o Ese hombre joven y alto es mi hermano")
- *Little kids are funny.* ("Los niños pequeños son graciosos")

Es importante notar que, en la estructura con el verbo *to be*, cuando queremos decir más de un adjetivo tenemos que usar el conector *and* (que equivale a "y"). Sin embargo, si los adjetivos están antepuestos al sustantivo, podemos agregar uno atrás del otro sin la necesidad de agregar un conector.

Obviamente, los adjetivos que vimos hasta ahora no son los únicos que podemos usar para hablar de la apariencia. También podemos usar el verbo *to have* que vimos al principio de este capítulo para hablar del cabello y los ojos de una persona.

Para empezar, podemos hablar del cabello y los ojos con *to have*, un color (que ya vimos en el capítulo 4) y el sustantivo. Por ejemplo:

- *My grandmother has grey hair* ("Mi abuela tiene el pelo gris").
- *My siblings have blue eyes, but mine are brown* ("Mis hermanos tiene los ojos azules, pero los míos son marrones").
- *That man has black hair and black eyes* ("Ese hombre tiene el pelo y los ojos negros").

Pero también podemos hablar del cabello con *to have* y otros adjetivos. Véamoslos:

Adjetivo	Pronunciación	Traducción
curly	ker-li	rizado
wavy	wei-vi	ondulado
straight	streit	lacio
long	long	largo
short	short	corto
thin	thin	fino
dyed	daid	teñido

Ahora, veamos algunos ejemplos con estos adjetivos y el verbo *to have*:

- *My sister has red curly hair* ("Mi hermana tiene el cabello rojo y ondulado").
- *Franny has short hair* ("Franny tiene el cabello corto").
- *I have dyed hair* ("Tengo el cabello teñido").

Personalidad

¡Veamos estos adjetivos relacionados con la personalidad!

Adjetivo	Pronunciación	Traducción
clever	kle-ver	astuto/a
kind	kaind	amable
mean	mIn	malo/a
creative	kri-ei-tiv	creativo/a
friendly	frend-ly	amistoso/a

funny	<u>fa</u>-ni	gracioso/a
fun	fan	divertido/a
sincere	sin-<u>sIr</u>	sincero/a
relaxed	ri-<u>laksd</u>	relajado/a
calm	kAlm	tranquilo/a
chatty	<u>cha</u>-ti	charlatán/charlatana
intelligent	in-<u>te</u>-li-chent	inteligente
obedient	ou-<u>bi</u>-di-ent	obediente
ambitious	am-<u>bi</u>-shos	ambicioso/a
understanding	an-ders-<u>tan</u>-ding	comprensivo/a
aggressive	a-<u>gre</u>-siv	agresivo/a
shy	shai	tímido/a
impatient	im-<u>pei</u>-shent	impaciente
rude	rUd	grosero
hard-working	<u>hard</u>-wor-king	trabajador
pessimistic	pe-si-<u>mis</u>-tik	pesimista
optimistic	op-ti-<u>mis</u>-tik	optimista
humble	<u>ham</u>-bl	humilde
good-tempered	gUd-<u>tem</u>-perd	de buen carácter
romantic	ro-<u>man</u>-tik	romántico/a
brave	breiv	valiente

Como dijimos antes con los adjetivos para describir la apariencia, para describir la personalidad de una persona, también podemos usar el verbo *to be*, por ejemplo:

- *My parents are very <u>hard-working</u>* ("Mis padres son muy trabajadores").
- *My boss is really <u>understanding</u>* ("Mi jefe es muy comprensivo").
- *My girlfriend is <u>shy</u>, but <u>friendly</u>* ("Mi novia es tímida, pero amistosa").
- *Mr. Harris is <u>chatty</u>* ("El señor Harris es charlatán").

Pero también podemos usar estas palabras como adjetivos que modifican a la palabra *personality* ("personalidad") y, en ese caso, podríamos usar el verbo *to have* y el adjetivo debería ir antes de la palabra *personality*. Veamos algunos ejemplos:

- *My son has a fun personality* ("Mi hijo tiene una personalidad divertida").
- *My best friend has a relaxed personality* ("Mi mejor amiga tiene una personalidad relajada").
- *My colleagues have an optimistic personality* ("Mis compañeros tienen una personalidad optimista").

Pasado simple

El pasado simple se utiliza para hablar de una acción que comenzó y terminó en el pasado.

Para el pasado simple hay buenas y malas noticias. La buena es que, a diferencia del presente simple, con el pasado simple no tenemos una conjugación diferente para la tercera persona del singular (*he, she, it*), sino que la conjugación para todas las personas y números es, en general, la misma. La mala noticia es que, con este tiempo verbal, comenzamos a ver más verbos irregulares.

Para formar la conjugación regular de los verbos en pasado simple, simplemente debemos agregar *-ed* al final de la base de los verbos. Veamos algunos ejemplos con verbos que vimos en este libro:

Infinitivo	Pasado simple	Pronunciación	Traducción
to sail	*sail**ed***	seild	Navegué
to blend	*blend**ed***	blen-ded	mezclé
to grill	*grill**ed***	grild	asé
to walk	*walk**ed***	wokt	Caminé

Por supuesto, hay algunas excepciones a la regla de agregar solo *-ed* al final de la base del verbo. Por ejemplo, si el verbo termina en *e*, solo agregamos *-d* al final. Además, si el verbo termina en vocal corta + consonante (excepto *y* y *w*), debemos duplicar la consonante final y luego agregar *-ed*. Por último, si el verbo termina en *y*, la reemplazamos por una *i* y luego agregamos *-ed*.

Veamos estas excepciones en la siguiente tabla:

Infinitivo	Pasado simple	Pronunciación	Traducción
verbo terminado en *e* + *d*			
to like	*lik**ed***	laikt	gustaba
to bake	*bak**ed***	beikt	horneé

to hate	hated	hei-ted	odiaba
to love	loved	lavd	amaba
vocal corta + consonante x2 + *ed*			
to stop	stopped	stopt	paré
to rob	robbed	robd	robé
verbo terminado en y → *i* + *ed*			
to fry	fried	fraid	frité
to try	tried	traid	intenté

Por último, veamos algunos verbos irregulares que ya vimos en este libro. Como verás, algunos son totalmente diferentes y otros se parecen un poco más al infinitivo.

Infinitivo	Pasado simple	Pronunciación	Traducción
to be	was / were	wos / wer	era/estaba
to take	took	tUk	tomé
to have	had	had	tenía
to go	went	went	fuí
to eat	ate	eit	comí
to do	did	did	hice

¿Por qué el verbo *to be* tiene dos opciones si dijimos que los verbos en pasado simple tienen la misma conjugación para todas las personas y números? Bueno, como en el presente simple, el verbo *to be* es el único que cambia de acuerdo al número. Veamos la diferencia en las conjugaciones del presente y el pasado simple de este verbo:

	Presente simple	Pasado simple
I	am	was
He/she/it	is	was
You/we/they	are	were

Oraciones positivas

Las oraciones positivas en pasado simple tienen la misma estructura que las oraciones positivas en presente simple. Esta es la estructura:

- sujeto + verbo en pasado + complemento

Ahora veamos algunos ejemplos con los verbos que vimos:

- *Yesterday I grilled a chicken* ("Ayer asé un pollo").
- *I walked to the beach* ("Caminé hasta la playa").
- *I liked ice cream, but now I hate it* ("Me gustaba el helado, pero ahora lo odio").
- *She baked a cake for you* ("Ella te horneó una torta").
- *I stopped running* ("Dejé de correr").
- *I tried talking to her* ("Intenté hablar con ella").
- *I was tired* ("Estaba cansado").
- *I had a dog when I was little* ("Tenía un perro cuando era chica").

Oraciones negativas

Ya vimos las oraciones afirmativas en pasado simple. Es hora de ver las negativas. Tienen la misma estructura que las oraciones negativas en presente simple, pero el auxiliar (y solo el auxiliar) debe ir en pasado:

- sujeto + auxiliar en pasado (*did)* + *not* + complemento

Veamos algunos ejemplos:

- *I did not mix the juice* ("No mezclé el jugo).
- *She did not hate you* ("Ella no te odiaba").
- *I did not rob anything* ("No robé nada").
- *William did not fry the chicken* ("William no frió el pollo").
- *They did not go to school today* ("Ellos no fueron al colegio hoy").

Como podrás ver, si tenemos otro verbo después del verbo auxiliar, ese verbo se escribe en infinitivo y no en pasado.

Sin embargo, con el verbo *to be* no utilizamos el auxiliar *did*, sino que directamente negamos el verbo. Veamos algunos ejemplos:

- *She was not funny* ("No era divertida").
- *They were not my friends* ("Ellos no eran mis amigos").
- *My grandmother was not optimistic* ("Mi abuela no era optimista").

Por supuesto, también podemos recurrir a las formas abreviadas negativas de *did, was* y *were*: *didn't, wasn't,* y *weren't.*

Oraciones interrogativas

Las oraciones interrogativas en pasado simple también siguen la misma estructura que las del presente simple y, otra vez, el auxiliar es el que debe ir en pasado. Esta es la estructura:

- auxiliar en pasado (*did*) + sujeto + verbo + complemento

Veamos algunos ejemplos:

- *Did you run today?* ("¿Corriste hoy?").
- *Did they eat your food?* ("¿Comieron tu comida?").
- *Did you work from home?* ("¿Trabajaste desde casa?").

Al igual que en las oraciones negativas, en las oraciones interrogativas solo el auxiliar debe ir en pasado y no el verbo que le sigue (si es que lo hay).

También podemos hacer preguntas en pasado con el verbo *to be* al principio, en el lugar del auxiliar:

- *Was Lucy tall?* ("¿Lucy era alta?")
- *Were my parents redheaded?* ("¿Mis padres eran pelirrojos?")
- *Was I blonde?* ("¿Yo era rubio?")
- *Were you fit?* ("¿Estabas en forma?")

Ejercicios

1. Conjuga el verbo *to have* en el tiempo verbal indicado de acuerdo a la persona y número que corresponda:
   a. Presente simple: *Lionel _____ a big brother.*
   b. Presente simple: *We _____ a big family.*
   c. Presente simple: *You _____ a funny personality.*
   d. Presente continuo: *You _____ dinner.*
   e. Presente continuo: *Peter _____ a good day.*

2. Une los miembros de la familia en español con sus traducciones al inglés:
   a. Sobrino
   b. Hija
   c. Nieto
   d. Esposa
   e. Hermano
   f. Tía

   i. *wife*
   ii. *daughter*
   iii. *brother*
   iv. *aunt*
   v. *nephew*
   vi. *grandson*

3. Responde a las siguientes preguntas con información sobre tu propia familia:
   a. ¿Cuántas personas hay en tu familia? ¿Quiénes son?
   b. ¿Cuántos tíos tienes? ¿Cuántas tías tienes?
   c. ¿Cuántos primos o primas tienes?

4. ¿Puedes describir tu apariencia y la de los miembros de tu núcleo familiar? Recuerda utilizar los verbos *to have* y *to be*.

5. Escriba el adjetivo en inglés que corresponde con la descripción de estas personas:
   a. Lila tiene muchos amigos y se lleva bien con muchas personas. *She is _____.*
   b. Francis quiere ser presidente cuando sea grande. *He is _____.*
   c. Mi jefa me deja tomarme días libres cuando me siento mal y cuando no puedo trabajar. *She is _____.*
   d. Nada le molesta a Chloe, ella siempre está tranquila. *She is _____.*
   e. El hijo de mi vecina siempre me habla mal o golpea mi puerta y sale corriendo. *He is _____.*

6. Escribe la conjugación correcta de *to be* o *to have* según corresponda:
   a. *My parents _____ good-tempered.*
   b. *My children _____ tall.*
   c. *My husband _____ a brave personality.*
   d. *My godmother _____ brown eyes.*
   e. *I _____ very short.*
   f. *I _____ short hair.*

7. Escribe la forma del pasado simple de estos verbos:
   a. *to walk*
   b. *to love*
   c. *to stop*

d. *to try*

e. *to have*

f. *to take*

8. Completa las siguientes oraciones con las formas del pasado de los verbos del ejercicio anterior. Ten en cuenta que no están en el mismo orden:

    a. *Jason _____ singing.*

    b. *Jules and I _____ dinner at a restaurant.*

    c. *My daughter _____ apples when she was little.*

    d. *Lucas _____ to call his brother.*

    e. *I _____ the bus to get here.*

    f. *My friends _____ to the museum.*

9. Convierte las oraciones del ejercicio anterior en oraciones negativas en pasado simple.

10. Ahora, convierte las oraciones del ejercicio 8 en preguntas en pasado simple.

Respuestas

1.
    a. has
    b. have
    c. have
    d. are having
    e. is having

2.
    a. sobrino - v. nephew
    b. hija - ii. daughter
    c. nieto - vi. grandson
    d. esposa - i. wife
    e. hermano - iii. brother
    f. tía - iv. aunt

3.
    a. There are _____ of us in my familia: my _____, my _____, my _____.... and me.
    b. I have _____ aunts and _____ uncles.
    c. I have _____ cousins.

4. I am _____, I have_____. My _____ has _____, she/he is _____

5.
    a. friendly
    b. ambitious
    c. understanding
    d. relaxed
    e. rude

6.
    a. are
    b. are
    c. has
    d. has
    e. am
    f. have

7.
    a. walked
    b. loved
    c. stopped
    d. tried
    e. had
    f. took

8.

a. stopped
b. had
c. loved
d. tried
e. took
f. walked

9.

a. Jason didn't stop singing.
b. Jules and I didn't have dinner at a restaurant.
c. My daughter didn't love apples when she was little.
d. Lucas didn't try to call his brother.
e. I didn't take the bus to get here.
f. My friends didn't walk to the museum.

10.

a. Did Jason stop singing?
b. Did Jules and I have dinner at a restaurant?
c. Did my daughter love apples when she was little?
d. Did Lucas try to call his brother?
e. Did I take the bus to get here?
f. Did my friends walk to the museum?

Conclusión

Congratulations! Has llegado al final de este primer libro y te has acercado al inglés de una forma sencilla. Además, has puesto en práctica todo lo que vimos en los diferentes capítulos mientras aprendías un poco de vocabulario y distintas reglas gramaticales. Con todo lo que hemos aprendido, estás listo para tener tus primeras conversaciones en inglés. Puedes conocer a alguien, sentarte a comer en algún lado, hacer compras, viajar e incluso hablar de lo que te gusta y lo que no.

Si este libro te ha servido, corre a conseguir el libro: *"Aprender inglés para adultos principiantes: ¡Aprende a conversar en inglés fluido leyendo cuentos en inglés!"*, en donde podrás mejorar tu inglés con una serie de cuentos entretenidos y atrapantes. See you soon!

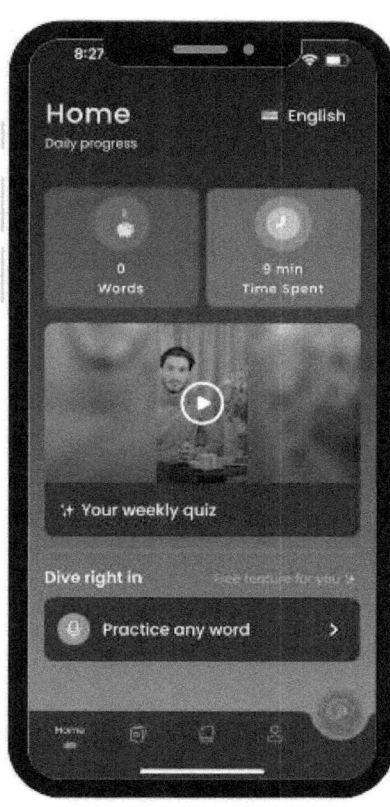

¿Quieres hablar más rápido?

Descarga la app Aprender Inglés para practicar con audio, flashcards y mini retos diarios.

Escanea el código QR para empezar.

LIBRO 2

Aprender inglés para adultos principiantes

Más de 600 palabras y frases esenciales en inglés que debes saberw

Libro 2 Descripción

Si quieres aprender inglés, pero estás cansado de los libros que solo incluyen listas de palabras, sigue leyendo...

¿Estás listo para decirle adiós a todo lo que no sirve y empezar por fin a aprender inglés?

Si la respuesta es sí... ¡Este libro está hecho para ti!

Aprender inglés no tiene por qué ser complicado. ¡La solución es más fácil de lo que crees!

Aprender inglés para adultos principiantes. Más de 600 palabras y frases esenciales en inglés que debes saber te brindará todo el vocabulario básico que necesitas, organizado de la mejor manera para que puedas incorporarlo, y con toda la información gramatical y pronunciación necesaria.

En ***Aprender inglés para adultos principiantes. Más de 600 palabras y frases esenciales en inglés que debes saber*** encontrarás:

- Una guía sobre cómo usar el libro, para sacarle todo el jugo.
- Además, una guía de pronunciación simplificada para que aprendas a pronunciar como un nativo.
- Todas las palabras y frases más usadas del inglés para afrontar cualquier situación.
- Cada una de las palabras y frases está acompañada de la pronunciación, el tipo de palabra y la traducción.
- Además, por cada palabra o frase, hay al menos un ejemplo de su uso, para que puedas ver cómo se utiliza en contexto.
- La traducción al español de todos los ejemplos.
- Ejercicios en cada capítulo para que pongas a prueba lo que has aprendido.
- ¡Y mucho más!

Si estás listo para empezar a hablar en inglés, ¡compra ***Aprender inglés para adultos principiantes. Más de 600 palabras y frases esenciales en inglés que debes saber*** ahora! ¡Te aseguramos que no te vas a arrepentir!

Cómo usar este libro

Antes de empezar a hablar de todas las palabras y frases de este libro, es importante que entiendas cómo funciona y aprendas a usarlo para sacarle mayor provecho.

¿Qué encontraremos?

- Cada palabra o frase en inglés estará en negrita y cursiva. Por ejemplo: ***hello***.
- Entre corchetes encontraremos su pronunciación. Por ejemplo: [he-<u>lou</u>]
- Entre paréntesis encontraremos el tipo de palabra del que estamos hablando. Por ejemplo: (interj.)
- También incluiremos la traducción literal en español después de dos puntos. Por ejemplo: hola.
- En una línea nueva, incluiremos la definición de esa palabra o frase, información sobre su uso o cualquier otra información que debas saber para utilizarla, si es necesario.
- Por último, en una lista con viñetas encontrarás al menos un ejemplo de uso real con esa palabra o frase.

Veamos un ejemplo de cómo se verá esto:

hello [je-<u>lou</u>] (interj.): hola

Es el saludo más común. Se usa para saludar, para responder el teléfono y para encabezar mensajes de texto y correos informales.

- *Hello, John* (Hola, John)
- *Hello, who is it?* (Hola, ¿quién habla?)

Pronunciación

En este libro no utilizaremos el alfabeto fonético internacional porque sería muy difícil de explicar. Lo que nos interesa es que entiendas la pronunciación para que consigas la mejor pronunciación posible en inglés. Con este objetivo, te daremos una explicación simple de la pronunciación que usaremos en este libro y que podrás volver a ver cuando quieras.

Para empezar, es importante que entiendas que, a diferencia del español, en inglés las vocales y consonantes pueden tener diferentes sonidos dependiendo de las letras que las rodean. Por eso, utilizaremos algunas letras o conjuntos de letras para representar algunos sonidos del inglés. Veamos las letras que utilizaremos:

Sonido	Explicación	Letras que pueden sonar así

a aa	Con la letra "a" representaremos al sonido de una A corta y en ocasiones usaremos una doble "aa" para representar una A más larga.	A U OU O
e ee	Con la letra "e" representaremos al sonido de una E corta y en ocasiones usaremos una doble "ee" para representar una E más larga.	E EA U
i ii	Con la letra "i" representaremos al sonido de una I corta y en ocasiones usaremos una doble "ii" para representar una I más larga.	I EE EA E
o oo	Con la letra "o" representaremos al sonido de una O corta y en ocasiones usaremos una doble "oo" para representar una O más larga.	O OU AU AW
u uu	Con la letra "u" representaremos al sonido de una U corta y en ocasiones usaremos una doble "uu" para representar una U más larga.	OO U OU UI UE
ou	"ou" es un diptongo en el que la U es muy corta.	O OA OW OE OU
oi	"oi" es un diptongo en el que la I es muy corta.	OY OI
ei	"ei" es un diptongo en el que la E es muy larga y la I muy corta.	AY A AI
au	"au" es un diptongo en el que ambas letras se pronuncian cortas.	OU OW
ai	"ai" es un diptongo en el que la A es muy larga y la I muy corta.	I
ea	"ea" es un diptongo en el que ambas letras se pronuncian cortas.	EA A
ie	"ie" es un diptongo en el que la E es muy corta.	EE EA

b	La "b" en inglés se pronuncia similar a la del español pero juntamos más los labios y largamos aire con cada B.	B BB
k	Este sonido es similar al de la K y la C (antes de las vocales A, O y U) en español. La única diferencia es que también largamos aire cada vez que lo pronunciamos.	C + A/O/U C + consonante CH K LK CK Q
s	Este sonido es igual a la S del español.	C + E/I/Y S SC PS ST
ch	La "ch" del inglés también es igual a la del español.	CH TCH TU TI TE
d	Este sonido es similar a la D del español, pero la lengua tiene que estar tocando la parte del paladar que está detrás de los dientes.	D DD
f	Este sonido es igual al de la F del español.	F FF FT PH GH LF
g	Con la "g" representaremos el sonido suave de la G del inglés, que es similar al de la G de "gota" del español.	G
sh ch	Con la "sh" o la "ch" representaremos el sonido fuerte de la G y la J. Para pronunciar este sonido, tenemos que hacer lo mismo que haríamos para pronunciar una CH, pero tenemos que hacer sonido con las cuerdas vocales.	G J
j	Con la "j" representaremos el sonido de la H en inglés, que es similar al sonido de la J de "jazmín" en español.	H WH
l	Este sonido es igual al de la L del español.	L LL
m	Este sonido es igual al de la M del español.	M

		MM MB MN LM
n	Este sonido es igual al de la N del español.	N NN KN GN PN MN
p	Este sonido es similar al de la P del español, pero para lograr una mejor pronunciación, debemos largar aire con cada P.	P
r	Este sonido es similar a una R suave del español (es decir, no a una doble R), pero para lograr una mejor pronunciación, debemos ubicar la lengua lo más atrás en el paladar posible.	R RR WR RH
z	Este sonido es similar a una Z del español de España. Para pronunciarlo, debemos poner la lengua detrás de los dientes y sentir una vibración.	S Z
t	Este sonido es similar al de la T del español, pero también debemos expulsar aire cada vez que pronunciamos una T.	T TT TH ED
d	Con la "d" también representaremos el sonido de la TH del inglés que es similar a una D. Sin embargo, para hacer este sonido debemos ubicar la lengua entre los dientes y hacer que esta salga un poco de nuestra boca.	TH
z	La TH del inglés también puede tener otro sonido que representaremos con la letra "z" (entendiéndose que es el sonido de la "z" utilizada en el castellano y no la utilizada en el español de latinoamérica). Para pronunciar este sonido, ubicamos la lengua de la misma forma que para el sonido anterior, pero debemos hacer vibrar nuestras cuerdas vocales.	TH
v	En inglés, este sonido es diferente al de la B y, de hecho, es más similar a una F, solo que debemos hacer vibrar nuestras cuerdas vocales.	V F
w	Este sonido es igual al de la W del español.	W WH UI

Además de estas indicaciones sobre la representación escrita que utilizaremos para los sonidos, es importante que sepas que en esta representación de la pronunciación también separaremos las palabras en sílabas (con guiones), y marcaremos la sílaba acentuada subrayándola.

Por último, como la "z" y la "d" se usarán para representar diferentes sonidos, recuerda siempre tener en cuenta la forma de escribir la palabra además de la pronunciación.

Tipos de palabras

En este libro te encontrarás con diferentes tipos de palabras. A continuación, explicaremos cuáles son estos tipos de palabras y qué rol cumplen en la oración:

- Sustantivos (sust.): son las palabras que usamos para nombrar cosas y personas. En una oración, suelen ser las cosas de las que hablamos.
- Verbos (v.): son las acciones de la oración. Con estos transmitimos qué hace o hizo el sustantivo. Por suerte, en inglés los verbos no tienen tantas conjugaciones como en español.
- Adjetivos (adj.): son las palabras que usamos para describir sustantivos.
- Adverbios (adv.): son las palabras que usamos para describir verbos, adjetivos y otros adverbios.
- Interjecciones (interj.): son palabras invariables que se suelen usar de forma exclamativa para expresar sentimientos.

¡Ahora sí! Ya estás listo para comenzar con la lista de palabras. ¡Vamos!

Capítulo 1: Concertar un encuentro

I never could have done what I have done without the habits of punctuality, order, and diligence.

- Charles Dickens

Arrange a meeting (Concertar un encuentro)

meeting [mii-ting] (sust.): reunión

En inglés, además podemos tener *business meetings* (reuniones de negocios)

- *I have a meeting tomorrow.* (Tengo una reunión mañana)

meetup [miit-ap] (sust.): reunión (informal)

- *I have a meetup with my friends from school next week.* (Tengo una reunión con mis amigos del colegio la semana que viene)

get-together [get-tu-ge-der] (sust.): encuentro (informal)

- *There's a get-together with a few work friends tonight.* (Hay un encuentro con algunos amigos del trabajo esta noche)

date [deit] (sust.): cita, reunión

Este término se puede usar tanto para citas románticas como para reuniones.

- *I have a date tomorrow morning.* (Tengo una cita mañana a la mañana)

appointment [a-point-ment] (sust.): cita, turno

- *I have a doctor's appointment now.* (Tengo una cita con el doctor ahora)

arrange [a-reinsh] (v.): organizar

- *Let's arrange a meeting for next week.* (Organicemos una reunión para la semana que viene)

schedule [es-ke-yuol / she-yuol] (v.): programar

- *You can schedule an appointment with my secretary.* (Puedes programar una cita con mi secretaria)

Can we meet tomorrow? [kan wi miit tu-mo-row] (frase): ¿Podemos encontrarnos mañana?

Para concertar una reunión, podemos usar esta frase y cambiar el día y la fecha (¡veremos cómo hacerlo a continuación!)

- *Can we meet tomorrow? There's something important we need to discuss* (¿Podemos encontrarnos mañana? Tengo que discutir algo importante contigo)

Do you want to go to ...? [du iu want tu gou] (frase): ¿Quieres ir a ...?

Para preguntarle a alguien si quiere ir con nosotros a algún lado, podemos usar esta frase. Puedes usar la lista de lugares que vimos antes en el segundo capítulo.

- *Do you want to go to the movies?* (¿Quieres ir al cine?)

Would you like to go to ... with me? [wud iu laik tu gou tu ... wiz me] (frase): ¿Te gustaría ir a ... conmigo?

Esta frase es una posible variante de la frase anterior y se utiliza para invitar a alguien a algún lugar (sea en una cita romántica o no). Simplemente hay que completar la frase con el lugar al que irán juntos.

- *Would you like to go to a bar with me?* (¿Te gustaría ir a un bar conmigo?)

Do you want to go out with me? [du iu want tu gou aut wiz me] (frase): ¿Quieres salir conmigo?

Para invitar a alguien a salir contigo en una cita romántica, podemos usar esta frase.

- *Hey, Lucy, do you want to go out with me on Friday?* (Ey, Lucy, ¿quieres salir conmigo el viernes?)

Can I invite you to ...? [kan ai in-vait iu tu] (frase): ¿Puedo invitarte a ...?

- *Can I invite you to dinner tonight?* (¿Puedo invitarte a cenar esta noche?)

Dates (Fechas)

today [tu-<u>dei</u>] (adv.): hoy

- *Today I will go to the zoo.* (Hoy voy a ir al zoológico)

tomorrow [tu-<u>mo</u>-rou] (adv.): mañana

- *I have to go to school tomorrow.* (Tengo que ir al colegio mañana)

week [wiik] (sust.): semana

- *I go to art class once a week.* (Voy a clases de arte una vez a la semana)

El fin de semana en inglés se dice *weekend*.

- *Do you want to meet this weekend?* (¿Quieres reunirte este fin de semana?)

En inglés, todos los días de la semana se escriben con mayúscula inicial.

- *Monday* [man-dei] (sust.): lunes
- *Tuesday* [tius-dei] (sust.): martes
- *Wednesday* [wenz-dei] (sust.): miércoles
- *Thursday* [zers-dei] (sust.): jueves
- *Friday* [frai-dei] (sust.): viernes
- *Saturday* [sa-dur-dei] (sust.): sábado
- *Sunday* [san-dei] (sust.): domingo

Veamos algunos ejemplos:

- *I start a new job on Monday.* (Comienzo un nuevo trabajo el lunes)
- *Do you want to go to the restaurant with me on Thursday?* (¿Quiere ir al restaurante conmigo el jueves?)
- *I work on Saturdays too.* (También trabajo los sábados)

month [monz] (sust.): mes

- *Last month I visited that new restaurant.* (El mes pasado fui a ese restaurante nuevo)

Los meses también se escriben con mayúscula inicial en todas las instancias.

- *January* [sha-nu-a-ri] (sust.): enero
- *February* [fe-bru-a-ri] (sust.): febrero
- *March* [march] (sust.): marzo
- *April* [ei-pril] (sust.): abril
- *May* [mei] (sust.): mayo
- *June* [shun] (sust.): junio
- *July* [shu-lai] (sust.): julio
- *August* [o-gost] (sust.): agosto
- *September* [sep-tem-ber] (sust.): septiembre
- *October* [ok-tou-ber] (sust.): octubre
- *November* [no-vem-ber] (sust.): noviembre
- *December* [di-sem-ber] (sust.): diciembre

Algunos ejemplos:

- *My birthday is in September, do you want to come to the party?* (Mi cumpleaños es en septiembre, ¿quieres venir a la fiesta?)
- *I will go on vacation in April.* (Me iré de vacaciones en febrero)
- *I have a party in November, do you want to come with me?* (Tengo una fiesta en noviembre, ¿quieres venir conmigo?)
- *We're traveling around Europe in February.* (Viajaremos por Europa en febrero)

next month [nekst monz] (frase): *mes que viene*

También podemos cambiar *month* por *week, weekend,* un día de semana o un mes.

- *Will you come home next month?* (¿Vendrás a casa el mes que viene?)
- *Do you want to go out next weekend?* (¿Quieres salir la semana que viene?)
- *Let's meet up in April, when I'm back.* (Encontrémonos en abril, cuando regrese)

Además, podemos cambiar *next* por *last* (pasado).

- *Last month I went to Korea.* (El mes pasado fui a Corea)
- *Didn't we meet last week?* (¿No nos encontramos la semana pasada?)
- *I had a great date with Matt last Thursday.* (Tuve una buena cita con Matt el jueves pasado)

On June the twenty-second [on shun de twen-ti se-kond] (frase): El 22 de junio

Para hablar de una fecha, usamos la preposición *on*. En el inglés de Estados Unidos, primero ponemos el mes y luego la fecha. En el inglés del Reino Unido, se escribe primero la fecha y después el mes: *On the twenty-second of June*. En ambos casos, la fecha se escribe con números ordinales y no cardinales.

- *first* [ferst] (sust.): primero
- *second* [se-kond] (sust.): segundo
- *third* [zerd] (sust.): tercero
- *fourth* [fourz] (sust.): cuarto
- *fifth* [fifz] (sust.): quinto
- *sixth* [sixz] (sust.): sexto
- *seventh* [se-venz] (sust.): séptimo
- *eighth* [eigz] (sust.): octavo
- *ninth* [nainz] (sust.): noveno
- *tenth* [tenz] (sust.): décimo
- *eleventh* [i-le-venz] (sust.): décimo primero
- *twelfth* [twelvz] (sust.): décimo segundo
- *thirteenth* [zer-tiinz] (sust.): décimo tercero
- *fourteenth* [for-tiinz] (sust.): décimo cuarto
- *fifteenth* [fif-tiinz] (sust.): décimo quinto
- *sixteenth* [six-tiinz] (sust.): décimo sexto
- *seventeenth* [se-ven-tiinz] (sust.): décimo séptimo
- *eighteenth* [eig-tiinz] (sust.): décimo octavo
- *nineteenth* [nain-tiiz] (sust.): décimo noveno
- *twentieth* [twen-ti-ez] (sust.): vigésimo
- *twenty-first* [twen-ti-ferst] (sust.): vigésimo primero
- *twenty-second* [twen-ti-se-kond] (sust.): vigésimo segundo
- *twenty-third* [twen-ti-zerd] (sust.): vigésimo tercero
- *twenty-fourth* [twen-ti-forz] (sust.): vigésimo cuarto
- *twenty-fifth* [twen-ti-fifz] (sust.): vigésimo quinto
- *twenty-sixth* [twen-ti-sixz] (sust.): vigésimo sexto
- *twenty-seventh* [twen-ti-se-venz] (sust.): vigésimo séptimo
- *twenty-eight* [twen-ti-eigz] (sust.): vigésimo octavo

- *twenty-ninth* [twen-ti-<u>nainz</u>] (sust.): vigésimo noveno
- *thirtieth* [<u>zer</u>-ti-ez] (sust.): trigésimo
- *thirty-first* [zer-ti-<u>ferst</u>] (sust.): trigésimo primero

Veamos algunos ejemplos:

- *You're invited to my birthday party on March the eighteenth.* (Estás invitado a mi fiesta de cumpleaños el 18 de marzo)
- *We will meet on September the third, will you come?* (Nos encontraremos el 3 de septiembre, ¿vendrás?)
- *We will see you on June the thirty-first.* (Te veremos el 31 de junio)

Time (Horas)

at 11 a.m./p.m. [at i-<u>le</u>-ven ei-<u>em</u>/<u>pi</u>-em] (frase): a las 11 de la mañana/de la tarde

Introducimos la hora con la preposición *at*. En inglés, se suele usar el sistema de 12 horas y no de 24, por lo que se usa *a.m.* y *p.m.* Para las horas, se utilizan números cardinales.

- *one* [uan] (sust.): uno
- *two* [tuu] (sust.): dos
- *three* [zrii] (sust.): tres
- *four* [foor] (sust.): cuatro
- *five* [faiv] (sust.): cinco
- *six* [siks] (sust.): seis
- *seven* [<u>se</u>-ven] (sust.): siete
- *eight* [eit] (sust.): ocho
- *nine* [nain] (sust.): nueve
- *ten* [ten] (sust.): diez
- *eleven* [i-<u>le</u>-ven] (sust.): once
- *twelve* [twelv] (sust.): doce

Algunos ejemplos:

- *I'll go to your place at three p.m.* (Iré a tu casa a las tres de la tarde)
- *The meeting starts at eight a.m.* (La reunión empieza a las ocho de la mañana)
- *Shall we meet at one p.m.?* (¿Nos encontramos a la una de la tarde?)

What time is it? [wat taim is it] (frase): ¿Qué hora es?

- *Excuse me, what time is it? I've lost my watch.* (Disculpe, ¿qué hora es? Perdí mi reloj)

Para contestar a esta pregunta, además de las horas que ya vimos, podemos querer decir los minutos exactos. En ese caso, también usamos números cardinales. Veamos los números del 13 al 60, entonces:

- *thirteen* [zer-<u>tiin</u>] (sust.): trece

- *fourteen* [for-<u>tiin</u>] (sust.): catorce
- *fifteen* [fif-<u>tiin</u>] (sust.): quince
- *sixteen* [siks-<u>tiin</u>] (sust.): dieciséis
- *seventeen* [se-ven-<u>tiin</u>] (sust.): diecisiete
- *eighteen* [ei-<u>tiin</u>] (sust.): dieciocho
- *nineteen* [nain-<u>tiin</u>] (sust.): diecinueve
- *twenty* [<u>twen</u>-ti] (sust.): veinte
- *twenty-one* [twen-ti-<u>uan</u>] (sust.): veintiuno
- *twenty-two* [twen-ti-<u>tuu</u>] (sust.): veintidós
- *twenty-three* [twen-ti-<u>zrii</u>] (sust.): veintitrés
- *twenty-four* [twen-ti-<u>foor</u>] (sust.): veinticuatro
- *twenty-five* [twen-ti-<u>faiv</u>] (sust.): veinticinco
- *twenty-six* [twen-ti-<u>siks</u>] (sust.): veintiséis
- *twenty-seven* [twen-ti-<u>se</u>-ven] (sust.): veintisiete
- *twenty-eight* [twen-ti-<u>eit</u>] (sust.): veintiocho
- *twenty-nine* [twen-ti-<u>nain</u>] (sust.): veintinueve
- *thirty* [<u>zer</u>-ti] (sust.): treinta
- *forty* [<u>for</u>-ti] (sust.): cuarenta
- *fifty* [<u>fif</u>-ti] (sust.): cincuenta
- *sixty* [<u>siks</u>-ti] (sust.): sesenta

Los números después del 30, 40 y 50 se forman de la misma forma que los números entre el 20 y el 30.

- *It's twelve thirty-two.* (Son las doce y treinta y dos)
- *We'll arrive at four fifty-six.* (Llegaremos a las cuatro y cincuenta y seis)

Además, hay otras formas de decir la hora. En el inglés del Reino Unido, para hablar de las horas en punto se dice *o'clock* después del número.

- *It's seven o'clock, time to get up!* (Son las siete en punto, ¡es hora de levantarse!)

Además, para hablar de las horas "y media" e "y cuarto", en inglés usamos las palabras *half* (media) y *quarter* (cuarto). En Estados Unidos, se dice, por ejemplo, *It's three and a half* (Son las tres y media) o *It's three and a quarter* (Son las tres y cuarto), mientras que en el Reino Unido se dice *It's half past three* (Son las tres y media) o *It's a quarter past three* (Son las tres y cuarto).

Si, en su lugar, queremos hablar de horas "menos cuarto", por ejemplo, volvemos a usar *quarter*, pero de otra forma: en inglés de Estados Unidos y de Reino Unido, decimos: *It's a quarter to three* (Son las tres menos cuarto).

Ejercicios

Completa las siguientes oraciones con una palabra o expresión que hayas aprendido en este capítulo. A veces, puede haber más de una respuesta correcta.

1. *I have a business _____ tomorrow morning.*
2. *I will _____ an appointment with your doctor for tomorrow.*
3. *Do you _____ to go to the bar with me?*
4. *Can I _____ you to breakfast tomorrow?*
5. *_____ and _____ are the weekend.*
6. *After May comes _____.*
7. *When is your birthday?*
8. *Let's meet _____ September 21st.*
9. *I will visit my grandmother _____ twelve thirty.*
10. *_____ time is it?*

Respuestas

1. *meeting*
2. *arrange/schedule*
3. *want*
4. *invite*
5. *Saturday and Sunday*
6. *June*
7. *On (month) (ordinal)*
8. *on*
9. *at*
10. *What*

Capítulo 2: En el trabajo

Nothing will work unless you do.

- Maya Angelou

Usual vocabulary (Vocabulario más usado)

job [shob] (sust.): trabajo

- *Mary likes her job.* (A Mary le gusta su trabajo)

La palabra *job* puede venir acompañada de alguno de estos adjetivos:
- ○ ***full-time*** [ful taim] (adj.): de jornada completa
- ○ ***part-time*** [part taim] (adj.): de media jornada
- ○ ***temporary*** [<u>tem</u>-po-ra-ri] (adj.): temporal
- ○ ***permanent*** [<u>per</u>-ma-nent] (adj.): permanente

meeting [<u>mii</u>-ting] (sust.): reunión

- *The meeting is tomorrow.* (La reunión es mañana)

office [<u>o</u>-fis] (sust.): oficina

- *On which floor is your office?* (¿En qué piso está tu oficina?)

assignment [a-<u>sain</u>-ment] (sust.): tarea

- *I have an assignment due on Monday.* (Tengo una tarea para el lunes)

deadline [<u>ded</u>-lain] (sust.): fecha de entrega

- *When is the deadline for this assignment?* (¿Cuándo es la fecha de entrega de esta tarea?)

signature [<u>sig</u>-na-chur] (sust.): firma

- *This is not my signature.* (Esta no es mi firma)

sign [sain] (v.): firmar

- *Please, sign at the bottom of the contract.* (Por favor, firme al final del contrato)

career [ka-<u>rii</u>-er] (sust.): carrera

- *She is concentrating on her career.* (Ella está concentrada en su carrera)

coworker [ko-<u>wor</u>-ker] (sust.): compañero/a de trabajo

- *One of my coworkers is always late.* (Uno de mis compañeros de trabajo siempre llega tarde)

partner [<u>par</u>-ner] (sust.): socio/a

- *I will discuss it with my partner and I'll give you an answer.* (Lo hablaré con mi socia y te daré una respuesta)

boss [bos] (sust.): jefe/a

- *My boss won't hear any of my ideas.* (Mi jefe no escucha ninguna de mis ideas)

employer [em-<u>plo</u>-ier] (sust.): empleador/a, patrón/a

Además de ser una persona, *employer* puede ser una empresa o compañía.

- *My employer pays me on time.* (Mi patrón me paga a tiempo)
- *The factory is the largest employer in the area.* (La fábrica es la mayor fuente de trabajo en el área)

employee [em-plo-<u>ii</u>] (sust.): empleado/a, trabajador/a

- *They are asking for more employee rights.* (Están pidiendo más derechos para los trabajadores)

trainee [trei-<u>nii</u>] (sust.): aprendiz

Otra palabra con un significado muy similar es *apprentice*.

- *Please, show the trainee how to do that.* (Por favor, muéstrale al aprendiz cómo hacer eso)

personnel [per-so-<u>nel</u>] (sust.): personal

- *They sent a memo to all personnel to explain the modifications.* (Mandaron un memo a todo el personal para explicarles las modificaciones)

résumé [<u>re</u>-su-mei] (sust.): currículum

En el Reino Unido también se le llama *CV*.

- *Applicants must send their résumé to the following address.* (Los interesados deben enviar su currículum a la siguiente dirección)

reference letter [<u>re</u>-fe-renz <u>le</u>-ter] (sust.): carta de referencia

- *I need a reference letter from my boss to apply for the scholarship.* (Necesito una carta de referencia de mi jefa para aplicar a la beca)

applicant [<u>a</u>-pli-kant] (sust.): candidato/a, aspirante

- *There were over 50 applicants for the position.* (Hubo más de 50 candidatos para el puesto)

interview [in-ter-viu] (sust.): entrevista

- *I get very nervous in interviews.* (Me pongo muy nervioso en las entrevistas)

salary [sa-la-ri] (sust.): sueldo

- *I receive my salary on the 5th of every month.* (Cobro mi sueldo el 5 de cada mes)

perk [perk] (sust.): beneficios

- *The company offers perks such as health insurance and paid vacations.* (La compañía ofrece beneficios como seguro de salud y vacaciones pagas)

self-employed [self em-ploid] (adj.): autónomo/a, trabajador independiente

- *My dad has always been self-employed, so that he could be his own boss and work from home.* (Mi padre siempre ha sido autónomo, para poder ser su propio jefe y trabajar desde casa)

apply for a job [a-plai for e shob] (v.): postularse a un trabajo

- *He applied for the job, but they didn't hire him.* (Se postuló al trabajo, pero no lo contrataron)

hire [jai-er] (v.): contratar

- *We want to hire 3 new assistants.* (Queremos contratar 3 nuevos asistentes)

earn [eern] (v.): ganar

- *How much do you want to earn?* (¿Cuánto quieres ganar?)

fire [fai-er] (v.): echar, despedir

Otro verbo que expresa lo mismo pero es un poco más formal es *dismiss*.

- *You have to start being more responsible or we will have to fire you.* (Tienes que empezar a ser más responsable o tendremos que echarte)

lose a job [luus e shob] (v.): perder el trabajo

- *Janet lost her job last year, and she hasn't found a new one yet.* (Janet perdió el trabajo el año pasado y todavía no ha encontrado uno nuevo)

leave [liiv] (v.): dejar

También se puede usar *quit* con el mismo sentido, aunque es un poco más informal.

- *Tom wants to leave his job, but he needs to find a new one first.* (Tom quiere dejar su trabajo, pero primero tiene que encontrar uno nuevo)

retire [ri-tai-er] (v.): jubilarse

- *At what age do you want to retire?* (¿A qué edad quieres jubilarte?)

Describing a job (Describir un trabajo)

interesting [in-<u>tres</u>-tin] (adj.): interesante

- *She's doing an interesting job at the research center.* (Está haciendo un trabajo interesante en el centro de investigaciones)

exciting [ek-<u>sai</u>-tin] (adj.): emocionante

- *Ronda's job in PR is exciting, she meets all kinds of famous people.* (El trabajo de Ronda en relaciones públicas es emocionante, conoce a un montón de gente famosa)

rewarding [ri-<u>war</u>-din] (adj.): gratificante

- *Working as a teacher is tiring, but very rewarding.* (Trabajar como docente es cansador, pero muy gratificante)

challenging [<u>cha</u>-len-shing] (adj.): desafiante

- *My new job is less challenging than the previous one.* (Mi nuevo trabajo es menos desafiante que el anterior)

tough [tof] (adj.): difícil

- *Nigel rejected the offer because the job was too tough.* (Nigel rechazó la oferta porque el trabajo era demasiado difícil)

tiring [<u>taie</u>-rin] (adj.): agotador

- *My mom works as a nurse, and I can tell it's a tiring job.* (Mi mamá trabaja como enfermera y puedo decir que es un trabajo agotador)

demanding [de-<u>man</u>-din] (adj.): exigente

- *Working at the UN is very demanding.* (Trabajar en la ONU es muy exigente)

dull [dal] (adj.): aburrido, tedioso

- *Mark quit his job because it was dull.* (Mark renunció a su trabajo porque era aburrido)

repetitive [re-<u>pe</u>-ti-tiv] (adj.): repetitivo

- *Answering the phone can be a very repetitive job.* (Contestar el teléfono puede ser un trabajo muy repetitivo)

Office items (Objetos de la oficina)

computer [kom-<u>piu</u>-ter] (sust.): computador

- *The first thing I do when I arrive at the office is turn on the computer.* (Lo primero que hago cuando llego a la oficina es prender el computador)

keyboard [kii-bord] (sust.): teclado

- *I use a wireless keyboard.* (Uso un teclado inalámbrico)

mouse [maus] (sust.): ratón, *mouse*

- *My mouse broke, can I use yours?* (Se me rompió el ratón, ¿puedo usar el tuyo?)

paper [pei-per] (sust.): papel

- *Do you know where they store the paper?* (¿Sabes dónde guardan el papel?)

envelope [en-ve-loup] (sust.): sobre

- *You have to put the letter inside the envelope and close it.* (Tienes que poner la carta dentro del sobre y cerrarlo)

paper clip [pei-per klip] (sust.): clip, sujetapapeles

- *Can you run to the store and buy more paper clips?* (¿Puedes ir a la tienda a comprar más sujetapapeles?)

stapler [stei-pler] (sust.): grapadora

- *The stapler is next to the photocopier.* (La grapadora está al lado de la fotocopiadora)

staple [stei-pel] (sust.): grapa

- *The staples are in a box inside that drawer.* (Las grapas están en una caja dentro de ese cajón)

hole punch [joul panch] (sust.): perforadora

- *Do you have a hole punch in your desk?* (¿Tienes una perforadora en tu escritorio?)

photocopy [fo-to-ko-pi] (sust.): fotocopia

También se le puede decir solo *copy*.

- *They asked for a photocopy of my ID.* (Me pidieron una fotocopia de mi identificación)

printer [prin-ter] (sust.): impresora

- *The document will come out of the printer soon.* (El documento saldrá de la impresora pronto)

ink [ink] (sust.): tinta

- *The printer has run out of ink.* (La impresora se quedó sin tinta)

pen [pen] (sust.): bolígrafo

- *They gave me lots of pens in the conference.* (Me dieron muchísimos bolígrafos en la conferencia)

pencil [pen-sil] (sust.): lápiz
- *I always write the first draft in pencil.* (Siempre escribo el primer borrador a lápiz)

scissors [si-sors] (sust.): tijeras
- *Don't use those scissors, they need to be sharpened.* (No uses esas tijeras, necesitan ser afiladas)

ruler [ru-ler] (sust.): regla
- *Underline the things missing using a ruler.* (Subraya lo que falta usando una regla)

briefcase [brif-keis] (sust.): maletín
- *The boss is the woman carrying the briefcase.* (La jefa es la mujer que lleva el maletín)

desk [desk] (sust.): escritorio
- *Is Ana at her desk?* (¿Ana está en su escritorio?)

filing cabinet [fai-ling ka-bi-net] (sust.): archivo, archivador
- *Everything you'll need is in that filing cabinet.* (Todo lo que necesitas está en ese archivo)

Ejercicios

Completa las siguientes oraciones con una palabra o expresión que hayas aprendido en este capítulo. A veces, puede haber más de una respuesta correcta.

1. *An _____ is a person or company that gives you a job.*
2. *Have you finished the _____ you had to hand in today?*
3. *I work from 9 to 5 every day: I have a _____ job.*
4. *She has sent her (a)_____ and a (b)_____ _____ to the human resources department, but she hasn't heard from them yet.*
5. *How did the _____ go? Did you get the job?*
6. *In my company they are (a)_____. Why don't you (b)_____ _____ _____ _____?*
7. *My job is very _____. I do the same thing all day.*
8. *Use the _____ to join the pages together.*
9. *Can you check if the _____ has ink?*
10. *We need to send some letters, but we've run out of _____.*

Respuestas

1. *employer*
2. *assignment*
3. *full-time*
4. (a) *résumé/CV* (b) *reference letter*
5. *interview*
6. (a) *hiring* (b) *apply for a job*
7. *dull/repetitive*
8. *stapler*
9. *printer*
10. *envelopes*

Capítulo 3: Emergencias

One of the tests of leadership is the ability to recognize a problem before it becomes an emergency.

- Arnold H. Glasow

Emergencies (Emergencias)

I don't feel too good [ai dont fiil tuu guud] (frase): No me siento muy bien

- *I won't be able to go today, I don't feel too good.* (No podré ir hoy, no me siento muy bien)

I'm not feeling well [aim not fi-ling wel] (frase): No me siento bien

- *Can you call a doctor? I'm not feeling well.* (¿Puedes llamar a un médico? No me siento bien.

My head hurts [mai jed jerts] (frase): Me duele la cabeza

- *I want to go home, my head hurts.* (Quiero ir a casa, me duele la cabeza)

Podemos cambiar *head* por alguna otra parte del cuerpo que nos duela (que veremos en el próximo apartado)

I have a headache [ai jav e jed-eik] (frase): Tengo dolor de cabeza

- *I can't think, I have a terrible headache.* (No puedo pensar, tengo un terrible dolor de cabeza)

También podríamos cambiar *headache* por *bellyache* (dolor de estómago)

- *I have a bellyache today, it must be the rice I ate yesterday.* (Tengo dolor de estómago hoy, debe ser el arroz que comí ayer)

I'm dizzy [aim di-zi] (frase): Estoy mareado/a

- *Give me a minute, I'm feeling dizzy.* (Deme un minuto, estoy mareada)

There's a fire! [ders e fai-er] (frase): ¡Hay un incendio!

- *Help! There's a fire in my bedroom!* (¡Ayuda! ¡Hay un incendio en mi habitación!)

I've been robbed! [aiv biin robd] (frase): ¡Me han robado!

- *I just realized I've been robbed!* (¡Acabo de darme cuenta que me han robado!)

Someone stole from me! [som-uan stoul from mi] (frase): ¡Alguien me robó!

- *I left my money on this table and someone stole it from me!* (¡Dejé mi dinero en esta mesa y alguien me robó!

My money is missing! [mai <u>ma</u>-ni is <u>mi</u>-sing] (frase): ¡Me falta dinero!

- *Excuse me, have you seen money around here? My money is missing.* (Disculpe, ¿ha visto dinero por aquí? Me falta dinero).

También podemos utilizar esta frase con otros objetos que ya vimos, como *backpack* (mochila), *mug* (taza), *dress* (vestido) o *jewelery* (joyas).

I can't breathe [ai kant briid] (frase): No puedo respirar

- *Can you open a window? I can't breathe.* (¿Pueden abrir una ventana? No puedo respirar)

Can you breathe? [kan iu briid] (frase): ¿Puedes respirar?

- *Are you okay? Can you breathe?* (¿Estás bien? ¿Puedes respirar?)

Are you alright? [aar iu ol-<u>rait</u>] (frase): ¿Estás bien?

Como vimos en el ejemplo de la frase anterior, también podríamos reemplazar *alright* por *okay*.

- *Are you alright? You just fainted.* (¿Estás bien? Acabas de desmayarte)

Someone is drowning! [<u>som</u>-uan is <u>drau</u>-nin] (frase): ¡Alguien se está ahogando!

- *Someone is drowning over there! Send help!* (¡Alguien se está ahogado allí! ¡Envíen ayuda!)

Body parts (Partes del cuerpo)

Head (cabeza)

face [feis] (sust.): rostro

- *Your face is full of glitter from yesterday's party!* (Tu cara está llena de brillo de la fiesta de ayer)

eyes [aiz] (sust.): ojos

- *I have something in my eye.* (Tengo algo en el ojo)

nose [nouz] (sust.): nariz

- *Is my nose bleeding?* (¿Me sangra la nariz?)

lips [lips] (sust.): labios

- *My lips are swollen, I think I'm allergic to that.* (Tengo los labios hinchados, creo que soy alérgica a eso)

ears [iers] (sust.): orejas

- *I couldn't sleep well, there was a mosquito buzzing in my ear all night.* (No pude dormir bien, tuve un mosquito zumbándome en el oído toda la noche)

Torso (torso)

chest [chest] (sust.): pecho

- *My chest hurts a little when I breathe.* (Me duele un poco el pecho cuando respiro)

arms [aarms] (sust.): brazos

- *My arm hurts when I do this.* (Me duele el brazo cuando hago esto)

shoulders [shoul-derz] (sust.): hombros

- *I have a problem in my shoulder, and I can't carry heavy things.* (Tengo un problema en el hombro y no puedo cargar cosas pesadas)

hands [jands] (sust.): manos

- *You've cut your hand, does it hurt?* (Te has cortado la mano, ¿te duele?)

fingers [fin-gers] (sust.): dedos

- *What happened to your finger?* (¿Qué te pasó en el dedo?)

back [bak] (sust.): espalda

- *I hurt my back carrying all those bags.* (Me lastimé la espalda cargando todos esas bolsas)

stomach [es-to-mak] (sust.): estómago

- *I ate too much, my stomach hurts.* (Comí demasiado, me duele el estómago)

waist [weist] (sust.): cintura

- *My waist has been hurting for weeks!* (¡Me ha estado doliendo la cintura hace semanas!)

Legs (piernas)

feet [fiit] (sust.): pies

- *Putting my feet in the sea made me feel better.* (Poner los pies en el mar me hizo sentir mejor)

toes [tous] (sust.): dedos de los pies

- *I have sand between my toes.* (Tengo arena entre los dedos de los pies)

knees [niis] (sust.): rodillas

- *Hey, are your knees better today?* (Hola, ¿tus rodillas están mejor hoy?)

People to go to (Personas a las que acudir)

hospital [jos-pi-tal] (sust.): hospital

- *I'll visit my cousin at the hospital today.* (Visitaré a mi primo en el hospital hoy)

doctor [dok-tor] (sust.): doctor/a

- *My wife is a doctor.* (Mi esposa es doctora)

paramedic [pa-ra-me-dik] (sust.): paramédico/a

- *There is a paramedic waiting for you in the ambulance.* (Hay un paramédico esperándote en la ambulancia)

ambulance [am-biu-lans] (sust.): ambulancia

- *There is an ambulance outside the hotel. Did anything happen?* (Hay una ambulancia afuera del hotel. ¿Ha sucedido algo?)

firetruck [fai-er-trak] (sust.): camión de bomberos

- *I've never actually seen a firetruck, did you?* (Nunca he visto un camión de bomberos realmente, ¿y tú?)

firefighter [fai-er-fai-ter] (sust.): bombero/a

- *We already called the firefighters.* (Ya llamamos a los bomberos)

fire station [faier stei-shon] (sust.): estación de bomberos

- *There is a fire station near my house.* (Hay una estación de bomberos cerca de mi casa)

police officer [po-lis o-fi-ser] (sust.): oficial de policía

- *A police officer knocked on my door and asked me some questions.* (Un oficial de policía golpeó mi puerta y me hizo algunas preguntas)

police car [po-lis kaar] (sust.): patrulla

- *Have you ever been in a police car?* (¿Alguna vez estuviste en una patrulla?)

police station [po-lis stei-shon] (sust.): estación de policía

- *I'm going to the police station to report a crime.* (Iré a la estación de policía a denunciar un crimen)

lifeguard [laif-gard] (sust.): guardavidas

- *The lifeguard is here to help us if we need it.* (El guardavidas está aquí para ayudarnos si lo necesitamos)

life jacket [laif <u>sha</u>-ket] (sust.): chaleco salvavidas

- *You need to wear a life jacket to get on this boat.* (Tienes que usar un chaleco salvavidas para subir a este bote)

lifeboat [<u>laif</u>-bout] (sust.): bote salvavidas

- *There's a lifeboat in case of emergencies.* (Hay un bote salvavidas en caso de emergencias)

Asking for help (Pedir ayuda)

I need help [ai niid jelp] (frase): Necesito ayuda

- *Excuse me, I need help to get to the hospital.* (Disculpe, necesito ayuda para llegar al hospital)

Please, hurry [pliis <u>ja</u>-ri] (frase): Por favor, apresúrese

- *Please, hurry, I need to get there as soon as possible.* (Por favor, apresúrese, necesito llegar lo antes posible)

Can you help me? [kan iu jelp mi] (frase): ¿Puedes ayudarme?

- *Can you help me? I don't know what to do.* (¿Puedes ayudarme? No sé qué hacer)

I need an ambulance [ai niid an <u>am</u>-biu-lans] (frase): Necesito una ambulancia

- *I need an ambulance! It's an emergency!* (¡Necesito una ambulancia! ¡Es una emergencia!)

También podíamos reemplazar *an ambulance* por *a doctor* (un doctor), *the police* (la policía) o *the firefighters* (los bomberos).

- *I need a doctor! She can't breathe!* (¡Necesito un doctor! ¡Ella no puede respirar!)

Where is the nearest hospital? [wer is de <u>nier</u>-est <u>jos</u>-pi-tal] (frase): ¿Dónde está el hospital más cercano

- *Where is the nearest hospital? I need you to take me there.* (¿Dónde está el hospital más cercano? Necesito que me lleves allí.)

Do you have a first-aid kit? [du iu jav e <u>ferst</u>-eid kit] (frase): ¿Tienes un kit de primeros auxilios?

- *I've cut my finger, do you have a first-aid kit?* (Me corté el dedo, ¿tienes un kit de primeros auxilios?

Ejercicios

Completa las siguientes oraciones con una palabra o expresión que hayas aprendido en este capítulo. A veces, puede haber más de una respuesta correcta.

1. *I'm not feeling _____.*
2. *My stomach _____.*
3. *Someone _____ from me!*
4. *My bag is _____.*
5. *_____ you alright?*
6. *How many _____ do you have in your hand?*
7. *He's hurt! We need to take him to the _____.*
8. *_____! Someone is drowning!*
9. *I need _____.*
10. *Where is the _____ hospital?*

Respuestas

1. *good*
2. *hurts*
3. *stole*
4. *missing*
5. *Are*
6. *fingers*
7. *hospital*
8. *Lifeguard*
9. *help*
10. *nearest*

Capítulo 4: Estaciones, clima y festividades

People don't notice whether it's winter or summer when they're happy.

- Anton Chekhov

Seasons (Estaciones)

season [sii-son] (sust.): estación, temporada

En inglés, podemos usar *season* para hablar de las estaciones del año o de temporadas.

- *Which season comes after summer?* (¿Qué estación viene después del verano?)
- *The holiday season is nearby!* (¡La temporada de fiestas está cerca!)

summer [sa-mer] (sust): verano

- *We spent all summer on the beach.* (Pasamos todo el verano en la playa)

autumn [oo-tom] (sust): otoño

Aunque en inglés de Estados Unidos también se puede decir *autumn*, se le suele llamar *fall más a menudo*.

- *I love fall because it's not too hot and not too cold.* (Me encanta el otoño porque no hace demasiado calor ni demasiado frío)

winter [win-ter] (sust): invierno

- *Every winter my friends go skiing.* (Todos los inviernos, mis amigos van a esquiar)

spring [spring] (sust): primavera

- *I love to see all the flowers in spring.* (Me encanta ver todas las flores en primavera)

Weather (Clima)

rain [rein] (sust./v.): lluvia/llover

- *Is it raining? I didn't even notice.* (¿Está lloviendo? Ni siquiera me di cuenta)

snow [snou] (sust./v.): nieve/nevar

- *I've never seen snow! Have you?* (¡Nunca he visto nieve! ¿Y tú?)

It's hot! [its jot] (frase): ¡Hace calor!
- *Don't take that jacket, it's hot outside!* (No lleves esa chaqueta, ¡hace calor afuera!)

Podemos reemplazar *hot* por otros adjetivos para describir el clima:
- ***windy*** [win-di] (adj.): ventoso
- ***rainy*** [rei-ni] (adj.): lluvioso
- ***sunny*** [sa-ni] (adj.): soleado
- ***cloudy*** [klau-di] (adj.): nublado
- ***foggy*** [fo-gi] (adj.): nublado
- ***dry*** [drai] (adj.): seco
- ***humid*** [jiu-mid] (adj.): húmedo
- ***warm*** [worm] (adj.): cálido
- ***cold*** [kould] (adj.): frío

Veamos algunos ejemplos:
- *It's cold outside! Can I borrow a coat?* (¡Hace frío afuera! ¿Me puedes prestar un abrigo?)
- *It's dry outside! I don't think it will rain anytime soon* (¡Está seco afuera! No creo que llueva pronto)

What's the weather like? [wats de we-der laik] (frase): ¿Cómo está el clima?
- *Hey, what's the weather like? I haven't gone out yet.* (¿Cómo está el clima? No he salido aún)

What a sunny day! [wat e sa-ni dei] (frase): ¿Qué día soleado!
- *What a sunny day! It's perfect to ride a bike!* (¡Qué lindo día! ¡Es perfecto para andar en bicicleta!)

En esta frase también podemos reemplazar *sunny* por alguno de los otros adjetivos que vimos antes.
- *What a cloudy day! Do you think it will rain?* (¡Qué día tan nublado! ¿Crees que lloverá?)
- *What a cold day! It doesn't seem like summer.* (¡Qué día tan frío! No parece verano)

It seems like it's going to rain [it siims laik its gou-ing to rein] (frase): Parece que va a llover.

Podemos reemplazar *rain* por otro verbo
- *It's humid outside. It seems like it's going to rain.* (Está húmedo afuera. Parece que va a llover)

Is it going to rain? [is it gou-ing to rein] (frase): ¿Va a llover?
- *Is it going to rain? The forecast said it was going to be sunny.* (¿Va a llover? El pronóstico dijo que iba a estar soleado)

There's a storm coming [ders e storm ko-ming] (frase): Se acerca una tormenta
- *There's a storm coming soon, you should take a raincoat.* (Se acerca una tormenta, deberías

llevar un impermeable)

What's the temperature today? [wats de <u>tem</u>-pre-chur tu-<u>dei</u>] (frase): ¿Cuál es la temperatura de hoy?

- *What's the temperature today? Is it going to be cold at night?* (¿Cuál es la temperatura de hoy? ¿Hará frío esta noche?)

Clothes for different weather (Prendas para los diferentes climas)

raincoat [rein-kout] (sust.): impermeable

- *I always forget my raincoat when it rains.* (Siempre olvido mi impermeable cuando llueve)

umbrella [am-<u>bre</u>-la] (sust.): paraguas, sombrilla

- *My umbrella broke, so I got wet.* (Mi sombrilla se rompió, así que me mojé)

rain boots [rein buuts] (sust.): botas de lluvia

- *I love your rain boots! I want to get some like those!* (¡Me encantan tus botas de lluvia! ¡Quiero unas como esas!)

flip flops [flip flops] (sust.): chancletas

- *In summer I wear flip flops all day long.* (En verano uso chancletas todo el día)

swimwear [<u>suim</u>-wer] (sust.): bañador, traje de baño

- *I need a new swimwear for summer.* (Necesito un traje de baño nuevo para el verano)

sunglasses [<u>san</u>-gla-ses] (sust.): gafas de sol

- *Those sunglasses look great! Where did you buy them?* (¡Esas gafas de sol se ven geniales! ¿Dónde las compraste?)

coat [kout] (sust.): abrigo

- *This coat is perfect for winter!* (¡Este abrigo es perfecto para el invierno!)

scarf [skarf] (sust.): bufanda

- *I had a warm scarf, but I've lost it.* (Tenía una bufanda abrigada, pero la perdí)

gloves [glovs] (sust.): guantes

- *I hate wearing gloves because I can't use my phone.* (Odio usar guantes porque no puedo usar mi celular)

boots [buuts] (sust.): botas

- *I have like 12 pairs of boots.* (Tengo como 12 pares de botas)

Holidays (Festividades)

Holiday [jo-li-dei] (sust.): vacaciones, feriado, festividades, fiestas

En inglés, la palabra *holiday* se puede usar para hablar de vacaciones, feriados y festividades.

- *Happy holidays! Where are you going?* (¡Felices vacaciones! ¿A dónde irás?)
- *Thank you for the help with the gifts. Happy holidays!* (Gracias por la ayuda con los regalos. ¡Felices fiestas!)
- *Is tomorrow a holiday? I didn't know!* (¿Mañana es feriado? ¡No sabía!)

Christmas [kris-mas] (sust.): Navidad

- *I can't wait for Christmas! I love being with my family.* (¡No puedo esperar a que sea Navidad! Me encanta estar con mi familia)

Christmas Eve [kris-mas iiv] (sust.): Víspera de Navidad

- *On Christmas Eve, I get together with my family and we each bring something to eat.* (En víspera de navidad, me reúno con mi familia y cada uno de nosotros lleva algo para comer)

Merry Christmas [me-ri kris-mas] (frase): Feliz Navidad

- *Merry Christmas, Anna! I hope you have a great night!* (¡Feliz Navidad, Anna! ¡Espero que tengas una gran noche!)

New Year's [niu iier] (sust.): Año Nuevo

- *In my country, we usually get together with family on Christmas and with friends for New Year's.* (En mi país, solemos reunirnos con la familia para Navidad y con amigos para año nuevo)

New Year's Eve [niu iiers iiv] (sust.): Víspera de Año Nuevo, Nochevieja

- *What do you usually do for New Year's Eve?* (¿Qué sueles hacer para la Víspera de Año Nuevo?)

Valentine's Day [va-len-tains dei] (sust.): Día de San Valentín

- *We have a dinner reservation for Valentine's Day.* (Tenemos una reservación para cenar para el Día de San Valentín)

Halloween [ja-lo-wiin] (sust.): Noche de brujas

- *Do people dress up for Halloween in your country?* (La gente se disfraza para Halloween en tu país?)

Happy New Year [ja-pi niu iier] (frase): Feliz año nuevo

- *Happy New Year! I hope this year is full of successes.* (¡Feliz año nuevo! Espero que este año esté lleno de éxitos)

También se usa *Happy* para desear un buen San Valentín y una buena noche de brujas:

- *Happy Valentine's Day! I have a surprise for you.* (¡Feliz Día de San Valentín! Tengo una sorpresa para vos)
- *Happy Halloween! Are you ready for a scary night?* (¡Feliz noche de brujas! ¿Estás lista para una noche noche aterradora?)

Ejercicios

Completa las siguientes oraciones con una palabra o expresión que hayas aprendido en este capítulo. A veces, puede haber más de una respuesta correcta.

1. *I love the _____ because it's hot.*
2. *It's _____ outside! Do you think it will snow?*
3. *It's so humid today! Do you think it will _____?*
4. *What's the _____ like?*
5. *_____ the temperature today?*
6. *There's a storm outside. Take a _____!*
7. *You shouldn't go to the pool in those shoes, take your _____!*
8. *It's cold outside, can I borrow a _____?*
9. *Merry _____! Where are you spending the holidays?*
10. *Happy _____ _____! I hope this is a successful year!*

Respuestas

1. *summer*
2. *cold*
3. *rain*
4. *weather*
5. *What's*
6. *raincoat/umbrella*
7. *flip flops*
8. *scarf/coat*
9. *Christmas*
10. *New Year*

Capítulo 5: Deportes y ejercicio

The first time I see a jogger smiling, I'll consider it.

- Joan Rivers

Sports (Deportes)

soccer [<u>so</u>-ker] (sust.): fútbol

Soccer es la palabra que se usa en Estados Unidos, mientras que en el Reino Unido se lo llama *football*.

- *My daughter plays soccer after school.* (Mi hija juega fútbol después de la escuela)

american football [a-<u>me</u>-ri-kan <u>fuut</u>-bol] (sust.): fútbol americano

En Estados Unidos lo llaman *football* a secas.

- *American football is a bit dangerous, don't you think?* (El fútbol americano es un poco peligroso, ¿no te parece?)

tennis [<u>te</u>-nis] (sust.): tenis

- *Serena Williams has played tennis since she was a little girl.* (Serena Williams ha jugado al tenis desde que era una niña)

basketball [<u>bas</u>-ket-bol] (sust.): baloncesto, básquet

- *Basketball is played with five players on the court.* (El básquet se juega con cinco jugadores en la cancha)

volleyball [<u>vo</u>-li-bol] (sust.): vóleibol, vóley

- *Volleyball is the second most popular sport in the world.* (El vóley es el segundo deporte más popular en el mundo)

running [<u>ra</u>-nin] (sust.): correr

- *This park is good for running.* (Este parque es bueno para correr)

rugby [<u>rag</u>-bi] (sust.): rugby

- *Did you know that "Che" Guevara used to play rugby?* (¿Sabían que el "Che" Guevara jugaba al rugby?)

swimming [<u>sui</u>-min] (sust.): natación

- *Swimming has been part of the Olympics since the first modern Olympic Games in 1896.* (La natación ha sido parte de las Olimpíadas desde los primeros Juegos Olímpicos modernos, en 1896)

sailing [<u>sei</u>-lin] (sust.): navegación

- *My dad used to compete in sailing.* (Mi papá solía competir en navegación)

archery [<u>ar</u>-che-ri] (sust.): tiro con arco

- *In archery, arrows can travel up to 300 km/h.* (En el tiro con arco, las flechas pueden llegar a viajar a 300 km/h)

weightlifting [<u>weit</u>-lif-tin] (sust.): levantamiento de pesas

- *My doctor told me that weight lifting prevents injuries.* (Mi médica me dijo que hacer levantamiento de pesas previene lesiones)

baseball [<u>beis</u>-bol] (sust.): béisbol

- *Baseball is popular in the Caribbean.* (El béisbol es popular en el Caribe)

cycling [<u>sai</u>-klin] (sust.): ciclismo

- *The Tour de France is a famous cycling competition.* (El Tour de Francia es una conocida competencia de ciclismo)

table tennis [<u>tei</u>-bel <u>te</u>-nis] (sust.): tenis de mesa

Como en español, también se le llama *ping-pong*.

- *Forty million people compete in table tennis around the world.* (Cuarenta millones de personas compiten en tenis de mesa en todo el mundo)

handball [<u>jand</u>-bol] (sust.): balonmano

- *To play handball you need two teams of seven players each.* (Para jugar al balonmano se necesitan dos equipos de siete jugadores cada uno)

bowling [<u>bou</u>-lin] (sust.): bolos

- *Do you want to go bowling on Saturday?* (¿Quieres ir a jugar a los bolos el sábado?)

rowing [<u>ro</u>-win] (sust.): remo

- *I started rowing in college.* (Comencé a practicar remo en la universidad)

badminton [<u>bad</u>-min-ton] (sust.): bádminton

- *Badminton is a game played with rackets in which a ball is hit back and forth across a net.* (El bádminton es un deporte que se juega con raquetas en el que se golpea una pelota de un lado a otro a través de una red)

fencing [fen-sin] (sust.): esgrima

- *Fencing is the practice of attack and defense with a cold weapon.* (La esgrima es la práctica de ataque y defensa con un arma blanca)

Places to exercise (Lugares para hacer ejercicio)

gym [shim] (sust.): gimnasio

- *I go to the gym twice a week.* (Voy al gimnasio dos veces a la semana)

swimming pool [sui-min puul] (sust.): piscina

- *The school has a swimming pool.* (La escuela tiene una piscina)

tennis court [te-nis koort] (sust.): cancha de tenis

- *We can't train today because they are cleaning the tennis courts.* (No podemos entrenar hoy porque están limpiando las canchas de tenis)

football field [fuut-bol fiild] (sust.): campo, cancha de fútbol

- *They are building a new football field in town.* (Están construyendo una cancha de fútbol en el pueblo)

bowling alley [bou-lin a-li] (sust.): boliche

- *I'd like to work in a bowling alley to bowl every day.* (Me gustaría trabajar en un *bowling* para jugar a los bolos todos los días)

ping-pong table [ping-pong tei-bl] (sust.): mesa de *ping-pong*

- *When I have my own home, I'll have a ping-pong table.* (Cuando tenga mi propia casa, tendré una mesa de *ping-pong*)

Other related vocabulary (Más vocabulario relacionado)

amateur [a-ma-cher] (sust.): amateur, aficionado

- *The tournament is open to both amateurs and professionals.* (El torneo está abierto tanto para amateurs como profesionales)

athlete [a-thliit] (sust.): atleta

- *Is she still an Olympic athlete?* (¿Ella todavía es atleta olímpica?)

award [a-<u>ward</u>] (sust.): premio

- *She won an award in the fencing competition.* (Ganó un premio en la competencia de esgrima)

captain [<u>kap</u>-ten] (sust.): capitán, capitana

- *The team's captain is injured and can't play today.* (El capitán del equipo está lesionado y no puede jugar hoy)

catch [katch] (sust.): atrapada

- *That was a nice catch!* (¡Buena atrapada!)

También se puede usar como verbo.

- *In baseball, you must catch the ball with your hand.* (En béisbol, tienes que atrapar la pelota con la mano)

cheer [<u>chi</u>-er] (v.): alentar, animar

- *Mark goes to every game to cheer for Tom.* (Mark va a todos los partido a alentar a Tom)

root [ruut] (v.): apoyar

Suele ir siempre seguido de la preposición *for*.

- *I'm not interested in sports, I just root for the team with the nicest shirt.* (No me interesan los deportes, solo apoyo al equipo con la camiseta más linda)

coach [kouch] (sust.): entrenador, entrenadora

Este es otro sustantivo que también se puede usar como verbo.

- *I joined the badminton team, but the coach was mean, so I left.* (Me uní al equipo de bádminton, pero el entrenador era malo, así que lo dejé)

competition [kom-pe-<u>ti</u>-shon] (sust.): competencia

- *My school organizes an athletic competition every year.* (Mi escuela organiza una competencia atlética cada año)

tournament [<u>tor</u>-na-ment] (sust.): torneo

- *Leigh was declared the winner of the tournament.* (Leigh fue declarada ganadora del torneo)

contest [<u>kon</u>-test] (sust.): competición, concurso

- *My kids make everything into a contest.* (Mis hijos convierten todo en una competición)

cup [kap] (sust.): copa

- *After winning, the soccer team held the cup high.* (Después de ganar, el equipo de fútbol sostuvo la copa en alto)

defeat [di-<u>fiit</u>] (sust.): derrota

- *They were all very sad with the defeat.* (Estaban todos muy tristes con la derrota)

También se usa como verbo.

- *She defeated the hardest opponent.* (Derrotó a la rival más difícil)

win [win] (sust.): victoria

- *A win will take them to the finals.* (Una victoria las llevará a la final)

También se usa como verbo.

- *If they win, they will get to the finals.* (Si ganan, llegarán a la final)

lose [luus] (v.): perder

- *I can't believe my football team lost again.* (No puedo creer que mi equipo de fútbol perdió de nuevo)

draw [droo] (sust.): empate

- *A tennis match can't end in a draw.* (Un partido de tenis no puede terminar en empate)

También se usa como verbo.

- *I'll be happy if we draw.* (Estaré contento si empatamos)

fan [fan] (sust.): hincha

- *The fans were thrilled with their team's classification.* (Los hinchas estaban muy felices con la clasificación de su equipo)

score [skor] (sust.): marcador

- *What's the score?* (¿Cómo va el marcador?)

También se usa como verbo y significa "marcar" o "anotar".

- *My daughter scored two goals in the match.* (Mi hija marcó dos goles en el partido)

goal [goul] (sust.): gol

- *I scored 3 goals in the match today!* (¡Metí 3 goles en el partido de hoy!)

half-time [<u>jaaf</u>-taim] (sust.): medio tiempo

- *The coach made changes in the team after the half-time.* (La entrenadora hizo cambios en el equipo después del medio tiempo)

judge [chadch] (sust.): jurado, jurada

- *I am a judge in gymnastics competitions.* (Soy jurada en competencias de gimnasia)

league [liig] (sust.): liga

- *His dream is to play in the National League.* (Su sueño es jugar en la Liga Nacional)

medal [me-dal] (sust.): medalla

- *Sarah didn't win the trophy, but she got a medal.* (Sarah no ganó un trofeo, pero obtuvo una medalla)

opponent [o-pou-nent] (sust.): oponente

- *It was a tough match; the opponent was very good.* (Fue un partido difícil; el oponente era muy bueno)

offside [of-said] (adv.): fuera de lugar

- *The referee nullified the goal because the player was offside.* (El árbitro anuló el gol porque el jugador estaba fuera de lugar)

pass [pas] (sust.): pase

- *Messi didn't score, but he made a pass that ended in a goal.* (Messi no metió goles, pero hizo un pase que terminó en gol)

penalty [pe-nal-ti] (sust.): penalti, penal

- *The coach asked me to take the penalty.* (El entrenador me pidió que pateara el penal)

performance [per-for-mans] (sust.): desempeño

- *The team's performance on Saturday was very poor.* (El desempeño del equipo el sábado fue muy pobre)

practice [prak-tis] (sust.): entrenamiento, práctica

- *Terry has practice every Friday.* (Terry tiene entrenamiento todos los viernes)

También se usa como un verbo que significa "entrenar", pero en ese caso se escribe *practice* en Estados Unidos y *practise* en el Reino Unido.

- *If we want to win, we need to practice more.* (Si queremos ganar, tenemos que practicar más)

professional [pro-fe-sho-nal] (adj.): profesional

- *My aunt is a professional golfer.* (Mi tía es golfista profesional)

rule [ruul] (sust.): regla

- *If you want to play, you need to know the rules of the game.* (Si quieres jugar, tiene que conocer las reglas del juego)

serve [seerv] (v.): servir

- *I think it's your turn to serve.* (Creo que es tu turno de servir)

shoot [shuut] (v.): tirar al arco
- *I shot, but I missed.* (Tiré al arco, pero erré)

spectator [spek-<u>tei</u>-tor] (sust.): espectador, espectadora
- *The spectators were happy to have witnessed a historic match.* (Los espectadores estaban contentos de haber presenciado un partido histórico)

skill [skiil] (sust.): habilidad
- *My cousin has a special skill for basketball.* (Mi primo tiene una habilidad especial para el básquet)

teammate [<u>tiim</u>-meit] (sust.): compañero, compañera de equipo
- *My teammates and I are organizing a volleyball tournament.* (Mis compañeras de equipo y yo estamos organizando un torneo de vóleibol)

teamwork [<u>tiim</u>-work] (sust.): trabajo en equipo
- *During practice, they encourage teamwork between the players.* (Durante el entrenamiento, incentivan el trabajo en equipo entre los jugadores)

tie [tai] (sust.): empate
- *It was a boring match, it ended in a tie.* (Fue un partido aburrido, terminó en empate)

También se usa como verbo.
- *I hope my team doesn't tie again.* (Espero que mi equipo no empate de nuevo)

train [trein] (v.): entrenar
- *Are you training for the tournament?* (¿Estás entrenando para el torneo?)

umpire [<u>am</u>-paier] (sust.): árbitro, árbitra
- *The umpire is in charge of announcing the winner of the game.* (El árbitro es está encargado de anunciar el ganador del partido)

trophy [<u>tro</u>-fi] (sust.): trofeo
- *How many times have they won the trophy?* (¿Cuántas veces han ganado el trofeo?)

victory [<u>vic</u>-to-ri] (sust.): triunfo
- *Only a victory can save them from being relegated to the second division.* (Solo un triunfo puede salvar al equipo de descender a segunda división)

whistle [<u>wi</u>-sel] (sust.): silbato

- *When the referee blows the whistle, the match finishes.* (Cuando la referí sopla el silbato, se termina el partido)

home [joum] (sust. usado como adj.): local

- *The home team has more chances of winning.* (El equipo local tiene más posibilidades de ganar)

visiting [vi-si-tin] (adj.): visitante

- *Surprisingly, the visiting team won the trophy.* (Sorprendentemente, el equipo visitante ganó el trofeo)

Ejercicios

Completa las siguientes oraciones con una palabra o expresión que hayas aprendido en este capítulo. A veces, puede haber más de una respuesta correcta.

1. *Who is your favorite _____ player? Mine is Messi.*
2. *I go swimming at the school's _____ _____ every Saturday.*
3. *An _____ is someone who engages in a sport as a pastime and not as a profession.*
4. *Olympic _____ need to be vaccinated to compete.*
5. *The _____ of the team is the leader and the most important player.*
6. *Are you coming to the game to _____ for me?*
7. *If two teams _____, they have an equal score in a match or contest.*
8. *The _____ filled the stadium to root for their team.*
9. *My _____ are not only the people who are on the same team as me, they are also my friends.*
10. *Since she could no longer play, she decided to become the team's _____.*

Respuestas

1. *football/soccer*
2. *swimming pool*
3. *amateur*
4. *athletes*
5. *captain*
6. *cheer/root*
7. *tie/draw*
8. *fans*
9. *teammates*
10. *coach*

Conclusión

We did it! Hemos llegado al final de este libro de frases y palabras para aprender inglés. ¡Felicitaciones!

Ha sido un largo viaje, pero hemos llegado al final. *Congratulations!* Si este libro te ha resultado útil, de seguro te gustará ***Aprender inglés para adultos principiantes: ¡Aprende a conversar en inglés fluido leyendo historias en inglés!***, donde aprenderás inglés a través de historias originales y atrapantes. Además, también te recomendamos ***Aprender inglés para adultos principiantes ¡Guía completa para hablar inglés en 30 días!***, donde encontrarás explicaciones sencillas de temas gramaticales y muchísimos ejemplos cotidianos para aprender inglés de una forma simple y entretenida.

Practica mientras aprendes.

Complementa este libro con nuestra app: escucha el audio, repasa vocabulario y haz retos diarios.

Escanea el código QR y sigue practicando.

LIBRO 3

Aprender inglés para adultos principiantes

¡Aprende a conversar en inglés fluido leyendo cuentos en inglés!

Libro 3 Descripción

¿Estás cansado de aprender inglés de las formas tradicionales? ¿Quieres aprender leyendo textos que no estén pensados para niños pequeños? Entonces tenemos la solución para ti: ***Aprender inglés para adultos principiantes: ¡Aprende a conversar en inglés fluido leyendo historias en inglés!***

En este libro encontrarás:

- Historias interesantes pensadas para adultos.
- Resúmenes en inglés de cada uno de los textos.
- Resúmenes en español de cada uno de los textos.
- Glosarios inglés-español para que no se te pierda ninguna palabra.
- 10 preguntas de comprensión por cada texto con traducciones en español.
- 10 ejercicios de verdadero o falso por cada texto con traducciones en español.
- Muchos puntos clave de gramática y vocabulario que se ve en los cuentos.

Aprender inglés para adultos principiantes: ¡Aprende a conversar en inglés fluido leyendo historias en inglés! ahora y comienza con tu aprendizaje! ¡No te arrepentirás!

Capítulo 1: The Psychic (La psíquica)

The best way to predict your future is to create it.

- Abraham Lincoln

Johnny takes the rifle and puts it against his **shoulder**. Then, he rests his **elbow** and **aims** for a couple of seconds. He **sees** the **ducks** passing by through the **sight**. He holds his **breath**. And he **shoots**.

"**Bad luck**," says the owner of the fair stand. "Do you want to try again?"

"Let's go, Johnny," says Sarah. "You've already lost six dollars in this game. It's **rigged**."

"I think I can do it," answers Johnny.

"Let's go, please," insists Sarah.

Johnny **hands** the rifle over to the stand **worker** and says goodbye. Sarah starts **walking** through the **crowd**. It seems like the whole **town** came to the **fair**. It isn't strange. There's not much to do in town.

Sarah is **cold**. Johnny **stretches** his **arm** and puts it over her shoulder, and she takes it. She doesn't know why. She doesn't like the **feeling** on her **skin**. But she's cold, and Johnny is **big** and **warm**. His **shirt** is **open,** and you can see a few **chest hairs**. It's like hugging a **bear**.

"Look," says Johnny, and **points** at a **sign** over one of the **tents**. It says, "Rosaura - Psychic."

Without **asking questions**, he **leads** Sarah to the inside of the tent. Inside, she **smells** something special. **Caramel**, **grass**, and **vanilla**, like in the rest of the fair, but also **incense**. The **mixture** seems **strange** to her, but not entirely **unpleasant**.

The inside is **dark**. Her eyes take some time to adapt to the **light**.

"What are you looking for?," asks the woman sitting behind a small wooden table.

Sarah takes some time to figure out her **features**. Rosaura, the psychic, is a young woman with long hair. She wears less **makeup** than Sarah expected. And she **dresses** simple.

Johnny, without **waiting** for an invitation, sits in front of Rosaura.

"We're looking for answers," says Johnny. Sarah recognized the voice tone he uses for his **jokes**. She doesn't like that tone. She doesn't like his jokes either.

"What kind of answers?," asks Rosaura.

"Are we going to **get married**?," asks Johnny, while he stretches his arm to look for Sarah. She sees it, even in the darkness, but chooses to **step back** a little. Johnny's arm stretches in the **void**.

Rosaura **closes** her **eyes** and concentrates for a few seconds.

"No," she answers **bluntly**.

Johnny **chuckles**.

"That's not what I wanted to **hear**," says Johnny. "I think you're doing a bad **job**."

"I tell you what I see," answers Rosaura.

"Oh, yeah?," says Johnny, challenging. "**Heads** or **tails**?"

Johnny takes a **coin** out of his pocket and throws it in the air. Despite the darkness, he catches it smoothly and presses it against the back of his **hand**.

Rosaura doesn't answer.

"Heads or tails?," insists Johnny.

"Let's go, Johnny, it's late," says Sarah.

"Heads," answers Rosaura.

Sarah **pulls** Johnny and makes him stand up. Together, they pass through the **door**. The coin is still covered by his hand.

"Lying **witch**," says Johnny. "Hey, do you want me to take you home?"

"No, thanks, Johnny," answers Sarah, avoiding his eyes. "I want to **return** on my own."

Sarah **kisses** Johnny on the cheek and goes away. Johnny is alone in front of the tent. Then, he opens his hand and looks at the coin.

"No way," he says.

Summary

Sarah and Johnny are at a town fair. Johnny is trying to shoot some ducks at a game. Sarah seems to be annoyed by Johnny. Then, they see the tent of a psychic, Rosaura, and Johnny takes Sarah inside. Johnny asks Rosaura if he and Sarah are going to get married, but Rosaura says they aren't. Annoyed, Johnny tosses a coin in the air and asks Rosaura if it's going to be heads or tails. Rosaura answers "heads," but Sarah takes Johnny out of the tent before he can have a look at the coin. Outside, Sarah decides to go home on her own, and Johnny takes a look at the coin and says, "no way."

Resumen

Sarah y Johnny están en una feria de la ciudad. Johnny intenta dispararle a unos patos en un juego. Sarah parece estar molesta con Johnny. Entonces, ven la carpa de una psíquica, Rosaura, y Johnny lleva a Sarah adentro. Johnny le pregunta a Rosaura si él y Sarah se van a casar, pero Rosaura le contesta que no. Molesto, Johnny lanza una moneda al aire y le pregunta a Rosaura si será cara o cruz. Rosaura contesta "cara", pero Sarah saca a Johnny de la carpa antes de que pueda ver la moneda. Afuera, Sarah decide volver sola a casa y Johnny mira la moneda y dice "de ninguna manera".

Glossary (Glosario)

shoulder: hombro
elbow: codo
aims: apunta
sees: ve
ducks: patos
sight: mirilla
breath: respiración
shoots: dispara
bad luck: mala suerte
rigged: arreglado
hands: entrega
worker: trabajador
walking: caminar
crowd: multitud
town: pueblo
fair: feria
cold: frío
stretches: estira
arm: brazo
feeling: sensación
skin: piel
big: grande
warm: cálido
shirt: camisa
open: abierta
chest hairs: pelos en el pecho
bear: oso
points: apuntó
sign: letrero
tents: tiendas (carpas)
asking questions: hacer preguntas
leads: guía
smells: huele
caramel: caramelo
grass: césped
vanilla: vainilla

incense: incienso
mixture: mezcla
strange: extraña
unpleasant: desagradable
dark: oscuro
light: luz
features: rasgos
makeup: maquillaje
dresses: se viste
waiting: esperar
jokes: bromas
get married: casarse
step back: retorceder
void: vacío
closes: cierra
eyes: ojos
bluntly: sin rodeos
chuckles: soltar una risa contenida
hear: oír
job: trabajo
heads: cara
tails: cruz
coin: moneda
hand: mano
pull: tira
door: puerta
lying: mentirosa
witch: bruja
kisses: besa
no way: ¡de ningún modo!/¡de ninguna manera!

Exercises (Ejercicios)

Exercise 1

Answer the following questions (Contesta las siguientes preguntas):

1. Where is Johnny? (¿Dónde está Johnny?)
2. How much did Johnny spend in the game? (¿Cuánto gastó Johnny en el juego?)
3. How many people went to the fair? (¿Cuánta gente fue a la feria?)
4. Who is cold? (¿Quién tiene frío?)
5. What's hugging Johnny like? (¿Cómo se siente abrazar a Johnny?)
6. What's the name of the psychic? (¿Cómo se llama la psíquica?)
7. What is the inside of the tent like? (¿Cómo es el interior de la carpa?)
8. How does the psychic dress? (¿Cómo se viste la psíquica?)
9. What does Johnny ask the psychic first? (¿Qué le preguntó Johnny a la psíquica primero?)
10. What does Johnny call the psychic? (¿Cómo llama Johnny a la psíquica?")

Exercise 2

Decide whether these statements are "true" or "false" (Decide si estas afirmaciones son "verdaderas" o "falsas"):

1. Johnny didn't hit any ducks. (Johnny no le disparó a ningún pato).
2. Sarah was hot. (Sarah tenía calor)
3. Johnny's shirt is buttoned up. (La camisa de Johnny estaba abotonada)
4. Johnny pointed at the psychic sign. (Johnny apuntó al letrero de la psíquica)
5. The tent smelled like caramel, grass, vanilla, and smoke. (La tienda olía a caramelo, césped, vainilla, y humo)
6. Sarah took some time to adapt to the light inside the tent. (A Sarah le tomó un tiempo adaptarse a la luz dentro de la tienda)
7. The psychic said they wouldn't get married. (La psíquica dijo que no se casarían)
8. Johnny tossed a coin in the air. (Johnny lanzó una moneda al aire)
9. Sarah and Johnny went home together. (Sarah y Johnny volvieron juntos a casa)
10. Sarah kissed Johnny on the lips. (Sarah besó a Johnny en los labios)

Answers (Respuestas)

Exercise 1

1. He is at a fair. (El está en una feria)
2. Six dollars. (6 dólares)
3. The whole town. (Todo el pueblo)
4. Sarah.
5. Like hugging a bear. (Como abrazar a un oso)
6. Rosaura.
7. Dark. (Oscuro)
8. Simple. (Sencilla)
9. "Are we going to get married?" ("¿Nos vamos a casar?")
10. Lying witch. (Bruja mentirosa)

Exercise 2

1. True
2. False
3. False
4. True
5. False
6. True
7. True
8. True
9. False
10. False

Capítulo 2: The Storm (La tormenta)

After the rain, the sun will reappear. There is life.
After the pain, the joy will still be here.

- Walt Disney

Doris **wipes** the **counter**. It's already **clean**, but she doesn't seem to notice. She's used to keeping herself active. It's the only way to keep a **business** like hers.

"Doris, do you have more **coffee**?," asks Earl from the back of the **café**.

"I'm coming," answers Doris. Then, she takes the **glass coffee pot** and goes to Earl's **table**. He is sitting with Herb and George, as usual. Bill's the only one missing.

"Thanks for the coffee, Doris," says Earl while Doris is serving. "I need a **double** today. I had a long **night**."

"Don't even say it," answers Herb. "That **storm**... I don't **remember** any other like it. My **truck** almost **overturned**."

"The one from '95, remember?," says George. "That one **almost killed** me."

"Where's Bill?," asks Doris. "The **fourth** Beatle is **missing**."

"Oh, he must be buying a **lottery ticket**," answers Earl. "He buys one every time he **goes through** here. He buys them at the **gas station**, a few miles away. He says it brings him luck."

"Has he ever won?," asks Doris.

"Never," says Herb.

"**Some luck!**," answers Doris.

Herb and George laugh, but **doubt crosses** Earl's mind. He looks at his digital **wrist watch** frowning. Doris, on the other hand, looks at the big **clock** at the back of the café. It's almost five.

"It's late," mumbles Earl.

"Pour me some more," says George, and **lifts** his usual **mug**, the one that says "Best Dad Ever." It's so big that it looks like a small **tub**; George insists on drinking **only** out of it. Doris lets him because she knows him too well. George, Earl, Herb, and Bill made their route to Cincinnati about ten thousand times each. But now Bill's missing.

"You don't think that...," says Herb with an obviously worried face.

"Bill is an expert **driver**," answers George. "He's the best of us."

"It might be, but yesterday's storm…," says Earl. "He always takes route 42, because of the gas station. He goes a different way to buy the tickets from the gas station, can you believe it? But route 42 is **treacherous**…"

"He's an expert," repeats George.

"Not to mention we're already **old**," says Herb while he touches the left side of his **chest** with his **index finger**.

Doris goes back to the kitchen and leaves the pot in the **coffee maker**. Then she gets the **rag** again and cleans the counter like a machine. She thinks about Bill. She doesn't want to hear **bad news** today.

Then a **bell chimes**.

Doris looks at the door. Bill, with his **short white hair** and **red ears,** walks into the café with a **pleased smile**.

"Bill!," says Herb, **relieved**.

"It's a bit late, don't you think?," asks Earl. "We were worried. We thought you had been **abducted by aliens**."

"I'm sorry guys, I was **delayed**. I had to **collect** some **money**," answers Bill with a smile.

"A job?," asks George.

"No, not exactly," answers Bill. "Let's say it was my **lucky day**."

"You didn't finally…," says Herb.

"Guys," says Bill. "Food's **on me**!"

Summary

Earl, Herb, and George are at Doris's café. Yesterday, there was a big storm and they all had a rough night on their trucks. Bill is the only one missing. Bill always buys lottery tickets at a gas station nearby before going into the café, but he's running late today. Earl, Herb, George and Doris are worried that something might have happened to him during last night's storm. Suddenly, Bill walks into the café with a smile. He says he had to collect some money and pays for everybody's food.

Resumen

Earl, Herb y George están en la cafetería de Doris. Ayer hubo una gran tormenta y todos tuvieron una noche difícil en sus camiones. Bill es el único que falta. Bill siempre compra boletos de lotería en una gasolinera cerca de la cafetería antes de ir allí, pero hoy se le ha hecho tarde. Earl, Herb, George y Doris están preocupados de que algo le haya pasado durante la tormenta de la noche anterior. De pronto, Bill entra en la cafetería con una sonrisa. Dice que tuvo que cobrar un dinero y paga la comida de todos.

Glossary (Glosario)

wipes: limpia
counter: mostrador
business: negocio
coffee: café
café: cafetería
glass: vidrio
coffee pot: cafetera
table: mesa
double: doble
night: noche
storm: tormenta
remember: recuerdo
truck: camión
overturned: volcó
almost: casi
kills: mata
fourth: cuarto
missing: falta
lottery ticket: boleto de lotería
goes through: pasar por
gas station: estación de servicio/ gasolinera
some luck!: ¡menuda suerte!
doubt: duda
crosses: atraviesa
wrist watch: reloj de pulsera
clock: reloj
lifts: levanta
mug: taza
tub: bañera
only: solo
driver: conductor
treacherous: traicionera
old: viejo
chest: pecho
index finger: dedo índice
coffee maker: cafetera
rag: trapo
bad news: malas noticias
bell: campana
chimes: campanada
short white hair: cabello corto y blanco

red ears: orejas rojas
pleased: satisfecha
smile: sonrisa
relieved: aliviado
abducted by aliens: abducido por los aliens
delayed: retrasado
collect: cobrar
money: dinero
lucky day: día de suerte
on me: corre por mi cuenta

Exercises (Ejercicios)

Exercise 1

Answer the following questions (Contesta las siguientes preguntas):

1. What does Earl ask Doris? (¿Qué le pide Earl a Doris?)
2. Where does Doris work? (¿Dónde trabaja Doris?)
3. Who is Earl sitting with? (¿Con quién está sentado Earl?)
4. Who is missing? (¿Quién falta?)
5. What happened the night before? (¿Qué pasó la noche anterior?)
6. What does Bill always buy? (¿Qué compra siempre Bill?)
7. Where does he buy it? (¿Dónde lo compra?)
8. What does George's mug say? (¿Qué dice la taza de George?)
9. What is Earl afraid of? (¿Qué teme Earl?)
10. What was Bill doing? (¿Qué estaba haciendo Bill?)

Exercise 2

Decide whether these statements are "true" or "false" (Define si estas afirmaciones son "verdaderas" o "falsas"):

1. Doris is an employee. (Doris es una empleada)
2. Earl had a long night. (Earl tuvo una noche larga)
3. George's truck almost overturned. (El camión de George casi vuelca)
4. Bill buys milk at a supermarket nearby. (Bill compra leche en un supermercado cercano)
5. Earl has a big watch on his wrist. (Earl tiene un gran reloj en la muñeca)
6. George has a very big mug. (George tiene una taza muy grande)
7. Herb says they're old. (Herb dice que están viejos)
8. Bill is angry when he walks in. (Bill está enojado cuando entra)
9. Bill has short white hair. (Bill tiene el cabello corto y blanco)
10. Bill was collecting money from a job. (Bill estaba cobrando dinero por un trabajo

Answers (Respuestas)

Exercise 1

1. More coffee. (Más café)
2. At a café. (En una cafetería)
3. With Herb and George. (Con Herb y George)
4. Bill.
5. There was a storm. (Hubo una tormenta)
6. A lottery ticket. (Un boleto de lotería)
7. At a gas station. (En una estación de servicio)
8. "Best Dad Ever". (El mejor papá del mundo)
9. That something happened to Bill. (Que le haya pasado algo a Bill)
10. He was collecting some money. (Estaba cobrando dinero)

Exercise 2

1. False
2. True
3. False
4. False
5. False
6. True
7. True
8. False
9. True
10. False

Capítulo 3: Camp (El campamento)

Look deep into nature, and then you will understand everything better.

- Albert Einstein

Olivia, James, Michael, Emma, and David are **walking** through the **woods**. It's night already, and each of them is **carrying** a **flashlight**. These are the only **lights** under the **trees**.

As usual, James is **leading** the group. Every once in a while he **spins** the flashlight in his hand, like a cowboy spins his Colt after **winning** a **duel**.

"I'm **tired**," says Michael. "Why can't we **camp** here?"

"Robert said we had to get to the **lake**," says James. "It's the only way to **earn** the **badge**."

James doesn't seem **bothered** by the walk. "He's never tired," thinks Olivia. Then she tries to imitate James's flashlight spin. But she **fails** and the flashlight **falls** to the **ground** and turns off.

"**Damn it**," says Olivia. She isn't **like** James. She wants to, but she will never be like him.

"Walk with me," says Michael, and he points his light at a **spot** between the two of them. Olivia **nods** and gets closer to him.

"Do you **know** the story of Willy Chain?," asks James.

"It's a **great** story," answers David. He says **little**, but when he does, it generally is to **agree** with James.

"Go on, tell it," says Emma.

"Willy was a scout, like us," says James. "But he wasn't prepared to **spend** the night by the lake. Let's say he was **more** like Michael than us."

David and Emma **laugh**. Michael is looking at the ground. Olivia can't see his **face**.

"Willy set up his tent near the lake. But, during the night, his **peers played a prank** on him. They locked the tent's **zipper** with a **chain**."

"Why didn't he use a **knife** to cut the **fabric**?," asks Michael, visibly nervous.

"Willy didn't have a knife. I told you, he was a bad **camper**. Now let me finish," says James. "It **rained** that night. It rained a lot; so much that the lake **rose** a few meters. And took Willy's tent with it. Since he couldn't get out, he **drowned** to **death**."

"**Boring**," says Emma.

"But that's not all. During the next months, strange things happened," says James. "One morning, one of the other scouts **appeared choked** in his tent. He had chain marks on his **neck**. Another one woke up with a **smashed** head. He had been **hit** with something **hard** and **made** of **steel**."

Then, James **turns off** his flashlight.

"What are you doing?," asks Michael.

"Saving up **batteries**," answers James.

Emma and David imitate him. Michael's flashlight is the only one **on**. The rest of the woods is illuminated only by the **moonlight** that **slips through** the trees.

"It isn't funny," says Michael with a tremor in his voice.

"They say Willy Chain is still in the woods." James's voice comes from **somewhere** in the dark. "They say he **attacks** campers... especially bad ones."

At that moment, Michael **screams**. Olivia takes some distance and sees that David **jumped** on his **back** and took him to the ground. David, James and Emma laugh.

"**Get off**," says Olivia and **pushes** David. Michael gets up fast. "Do you think that's **funny**?," he asks **afterwards**, with anger in his eyes.

"Well, yes," answers James, who has already turned on his flashlight.

Olivia gets **close** to James. From up close, he doesn't look so cool. He's shorter than her. She looks at the sides, as if looking for support.

"I don't think it's funny," says Olivia, standing very close to James. She looks at him **straight** in the eye.

The smile goes away from James's face.

"**Whatever** you say," says James.

The rest of them are quiet.

"Let's **move on**," says Olivia, after a pause. "It's getting **late**. And I know **for a fact** that Willy Chain's preferred victims are actually scouts that play pranks on other scouts."

James stays still for a second, while they all start walking again.

"Wait! Wait for me!," he yells.

Summary

Olivia, James, Michael, Emma, and David are walking towards a lake in the woods. They are scouts and are going camping. James starts telling a horror story about a boy who camped near the lake, drowned to death, and then his ghost killed his peers. Nobody seems to be scared except for Michael, and so David scares him. Olivia gets mad at James, and then they all move on.

Resumen

Olivia, James, Michael, Emma y David caminan hacia un lago en el bosque. Son exploradores y están yendo a acampar. James comienza a contar una historia de terror sobre un chico que acampó cerca del lago, murió ahogado, y luego su fantasma mató a sus compañeros. A nadie parece darle miedo la historia excepto por Michael, así que David lo asusta. Olivia se enoja con James, y luego todos siguen adelante.

Glossary (Glosario)

walking: caminando
woods: bosque
carrying: llevando
flashlight: linterna
leading: liderando
spins: gira
winning: ganar
duel: duelo
tired: cansado
camp: acampar
lake: lago
earn: ganar
badge: insignia
bothered: molesto
falls: cae
ground: suelo
damn it: ¡maldición!
like: como
spot: lugar
nods: asiente
know: conocen
great: buena
little: poco
agree: estar de acuerdo
spend: pasar
more: más
laugh: reírse
face: rostro
peers: compañeros
played a prank: hacer una broma
zipper: cierre
chain: cadena

knife: cuchillo
fabric: tela
camper: acampante/campista
rained: llovió
rose: subió/elevó
drowned: ahogó
death: muerte
boring: aburrido
appeared: apareció
choked: ahorcado
neck: cuello
smashed: destrozada/aplastada
hit: golpeada
hard: duro
made: hecho
steel: acero
turns off: apaga
batteries: baterías
on: encendida
moonlight: luz de luna
slips: se cuela/se desliza
through: a través
somewhere: en algún lugar
attacks: ataca
screams: grita
jumped: saltó
back: espalda
get off: quítate
pushes: empuja
funny: gracioso
afterwards: después
close: cerca
straight: directo
whatever: lo que sea
move on: continuemos
late: tarde
for a fact: a ciencia cierta/con certeza

Exercises (Ejercicios)

Exercise 1

Answer the following questions (Contesta las siguientes preguntas):

1. What are they carrying? (¿Qué llevan?)
2. Where are they going? (¿A dónde van?)
3. What do they want to earn? (¿Qué quieren ganar?)
4. Who spins the flashlight and fails? (¿Quién gira la linterna y falla?)
5. What was the name of the boy in the story? (¿Cómo se llamaba el chico de la historia?)
6. Who played a prank on the boy in the story? (¿Quién le hizo la broma al chico de la historia?)
7. How did the boy die in the story? (¿Cómo murió el chico de la historia?)
8. Who is the only one who keeps the flashlight on? (¿Quién es la única persona que mantiene prendida la linterna?)
9. Who scares Michael? (¿Quién asusta a Michael?)
10. Who gets close to James? (¿Quién se acerca a James?)

Exercise 2

Decide whether these statements are "true" or "false" (Define si estas afirmaciones son "verdaderas" o "falsas"):

1. Emma is always the leader. (Emma siempre es la líder)
2. They can camp where they are, but they don't want to. (Pueden acampar donde están, pero no quieren)
3. James is always tired. (James siempre está cansado)
4. Michael shares his flashlight with Olivia. (Michael comparte su linterna con Olivia)
5. David talks a lot. (David habla mucho)
6. James tells the horror story. (James cuenta la historia de terror)
7. Willy set up his tent near the lake. (Willy instaló su tienda cerca del lago)
8. Willy Chain had a knife. (Willy Chain tenía un cuchillo)
9. One of Willy's peers appeared choked. (Uno de los compañeros de Willy apareció ahorcado)
10. Olivia defends Michael. (Olivia defiende a Michael)

Answers (Respuestas)

Exercise 1

1. Flashlights. (Linternas)
2. To the lake. (Al lago)
3. A badge. (Una insignia)
4. Olivia.
5. Willy Chain
6. His peers. (Sus compañeros)
7. He drowned. (Se ahogó)
8. Michael.
9. David.
10. Olivia.

Exercise 2

1. False
2. False
3. False
4. True
5. False
6. True
7. False
8. False
9. True
10. True

Capítulo 4: A Bad Day (Un mal día)

Courage is not having the strength to go on; it is to go on when you don't have the strength.

- Theodore Roosevelt

George **wakes up sweating** and with a **dry mouth**. He turns the alarm off. He doesn't think it is going to be a good day. He has only been **awake** for 30 seconds, but he already **feels** it. He **gets up**, turns the coffee maker on, and gets into the **shower**. The **water** has the perfect **pressure** and **temperature**. The coffee is **delicious**. George is **more** and more **suspicious**.

Lizzy wakes up **in a rush**, she doesn't hear the **alarm**. She doesn't have **breakfast** and **leaves** her house **in a hurry**. **Almost** in her **pajamas**, she gets in a taxi and puts her hands on a coffee cup only **after arriving** at **work**. She **burns** her **tongue** with the first **sip**, she won't feel any **flavor** for the **rest** of the day.

George gets in his taxi. **By his side** is his **newspaper**, a cup of coffee and an **apple** that her granddaughter **makes him** eat **daily**. He had a very bad night, he didn't **rest** well because he had **nightmares**. He starts **driving around**, eventually **leaving** his **neighborhood** because nobody takes taxis in a neighborhood like his.

Lizzy **throws** her coffee after the second sip. It was **burnt** and horrible. When she tries to sit and complete a few **pending medical records**, she's **called** to **cover** an **emergency**. She has to **accompany** the **firemen** to **rescue** a girl **trapped** inside her car.

George crosses the Holland **bridge** and goes **straight** to Soho. It's the first time in years he can **go through** the bridge without traffic. There's nobody on the street. He gets more and more suspicious that something bad is **about to happen**. He hears a **fire truck** behind him and **lets it through**, but the truck **stops** behind a car a few meters away from George. The truck stops **so suddenly** that George can't stop in time and goes straight to the back of the truck.

Lizzy sees the **parked** car where the girl is **locked** and then a taxi that had just let them through gets closer at **full speed** without stopping. How can you not see a firetruck? It's red, **giant**, makes **noises,** and **lights up**. Lizzy gets to see the driver's face before he crashes into the back of the truck, making the **whole** truck move and making Lizzy **fly** in the **air**.

George can only **remember** the **panic** on the face of the doctor **inside** the fire truck and nothing else. He couldn't stop **nor** turn to **avoid** the **crash**, he couldn't do anything. He **feels** his pulse **slow down**. He stops feeling his **legs**, his **arms**. He hears loud noises but can't tell where they are coming from. He can't open his eyes **either**. The truck **siren** is **louder** and **nearer**...

George wakes up sweating and with a dry mouth. He turns the alarm off. He doesn't think it is going to be a good day.

Summary

George wakes up with the feeling that it's not going to be a good day and everything seems to be going way too perfect. Lizzy, on the other hand, is having a really bad day. George gets in his taxi and drives around while Lizzy has to accompany the firemen to rescue a girl. George and Lizzy end up in the same place at the same time and George accidentally crashes his taxi into the fire truck. Lizzy flies in the air and George stops feeling his legs and arms and, suddenly, he wakes up with the feeling that it's not going to be a good day.

Resumen

George se despierta con la sensación de que no será un buen día y todo parece estar yendo demasiado perfecto. Lizzy, por otro lado, está teniendo un mal día. George se sube a su taxi y da vueltas mientras Lizzy tiene que acompañar a los bomberos a rescatar a una niña. George y Lizzy terminan en el mismo lugar al mismo tiempo y George accidentalmente choca su taxi contra el camión de bomberos. Lizzy vuela por los aires y George deja de sentir las piernas y los brazos y, de repente, se despierta con la sensación de que no será un buen día.

Glossary (Glosario)

wakes up: se despierta
sweating: sudando
dry mouth: boca seca
awake: despierta
feels: siente
gets up: se levanta
shower: ducha
water: agua
pressure: presión
temperature: temperatura
delicious: delicioso
more: más
suspicious: dudoso/sospechoso
in a rush: apurada/de prisa
alarm: alarma
breakfast: desayuno
leaves: deja
in a hurry: de prisa
almost: casi

pajamas: pijamas
after: después
arriving: llegar
work: trabajo
burns: quema
tongue: lengua
sip: sorbo
flavor: sabor
rest: resto
by his side: a su lado
newspaper: periódico
apple: manzana
makes him: lo hace hacer
daily: a diario
rest: descansó
nightmares: pesadillas
driving around: dar vueltas con el coche
leaving: dejar
neighborhood: vecindario
throws: tira
burnt: quemado
pending: pendiente
medical records: historias clínicas
called: llaman
cover: cubrir
emergency: emergencia
accompany: acompañar
firemen: bomberos
rescue: rescatar
trapped: atrapada
bridge: puente
straight: directo
go through: ir por/pasar
about to happen: a punto de ocurrir
fire truck: camión de bomberos
lets it through: lo deja pasar
stops: se detiene
so suddenly: tan repentinamente
parked: estacionado
locked: encerrada
full speed: a toda velocidad
giant: gigante
noises: ruidos

lights up: se ilumina
whole: todo
fly: volar
air: aire
remember: recuerda
panic: pánico
inside: dentro
nor: ni
turn: girar/cambiar de dirección
avoid: evitar
crash: choque
feels: siente
slow down: ralentizar/volverse más lento
legs: piernas
arms: brazos
either: tampoco
siren: sirena
louder: más alta
nearer: más cerca

Exercises (Ejercicios)

Exercise 1

Answer the following questions (Contesta las siguientes preguntas):

1. How is the water in George's shower? (¿Cómo está el agua de la ducha de George?)
2. When does Lizzy put her hands on a coffee cup? (¿Cuándo pone Lizzy las manos en una taza de café?)
3. What does George do for a living? (¿A qué se dedica George?)
4. What does George eat daily? (¿Qué come George todos los días?)
5. Why didn't George rest well? (¿Por qué George no descansó bien?)
6. Why does he leave his neighborhood with his taxi? (¿Por qué se va de su vecindario en su taxi?)
7. How was Lizzy's coffee? (¿Cómo estaba el café de Lizzy?)
8. How many people are in the street? (¿Cuántas personas hay en la calle?)
9. How does Lizzy describe the firetruck? (¿Cómo describe Lizzy el camión de bomberos?)
10. What is the only thing that George remembers after the crash? (¿Qué es lo único que recuerda George después del choque?)

Exercise 2

Decide whether these statements are "true" or "false" (Define si estas afirmaciones son "verdaderas" o "falsas"):

1. George turns the coffee maker on after getting into the shower. (George enciende la cafetera después de meterse en la ducha)
2. George feels it's going to be a good day. (George siente que será un buen día)
3. Lizzy doesn't hear the alarm. (Lizzy no escucha la alarma)
4. Lizzy has coffee for breakfast at her house. (Lizzy desayuna café en su casa)
5. George's granddaughter makes him eat apples daily. (La nieta de George lo hace comer manzanas todos los días)
6. Lizzy's coffee is delicious. (El café de Lizzy es delicioso)
7. George doesn't let the fire truck through. (George no deja pasar al camión de bomberos)
8. The fire truck crashes into George's taxi. (El camión de bomberos choca contra el taxi de George)
9. George can't do anything to stop the crash. (George no puede hacer nada para detener el choque)
10. In the end, it was all a nightmare. (Al final, todo era una pesadilla)

Answers (Respuestas)

Exercise 1

1. It has the perfect pressure and temperature. (Tiene la presión y temperatura perfecta)
2. Only after arriving at work. (Solo después de llegar al trabajo)
3. He's a taxi driver. (Es taxista)
4. An apple. (Una manzana)
5. Because he had nightmares. (Porque tuvo pesadillas)
6. Because nobody takes taxis in a neighborhood like that. (Porque nadie toma taxis en un vecindario como ese)
7. Burnt and horrible. (Quemado y horrible)
8. There's nobody in the street. (No hay nadie en la calle)
9. Red, giant, makes noises, and lights up. (Rojo, gigante, hace ruidos y se ilumina)
10. The face of the doctor inside the fire truck. (La cara de la doctora adentro del camión de bomberos)

Exercise 2

1. False
2. False
3. True
4. False
5. True
6. False
7. False
8. False
9. True
10. True

Capítulo 5: Surprise! (¡Sorpresa!)

Expect nothing. Live frugally on surprise.

- Alice Walker

Sally **hates surprise parties**. She hates how **everyone gets around** them; she hates secrets, hates having to **pretend** she's surprised, and also hates when they **actually** surprise her. That's why, this year, she was very **clear**: "If you **throw** me a surprise party, I'm **going to go**."

She thought she had **made her point**, but then she started seeing **weird** movements in her family. Her sister, who is always **excited** about **birthdays** and starts talking about them **weeks in advance**, hasn't said **anything**.

Her **friends** have told her they would be **busy** that day, and that they **couldn't** go, if she **decided** to celebrate. One had an exam the **next day, another** one had family members visiting from Canada, and the other had to **accompany** his father to get a small **surgery**.

Her mother, on the other hand, had started **adding** her university friends and all her friends on Facebook. When she asked her **why** she was doing it, she said she hadn't **noticed**, that maybe she **pushed** something accidentally, and that she didn't **understand social media quite well**.

Sally was **furious**, she hated that they didn't **respect** her decision. She tried to **sabotage** the surprise by **organizing** her own birthday party, but very few people could **attend**.

The **morning** of her birthday, Sally woke up **expecting** the classic birthday surprise **routine**: nobody telling her anything, no **gifts** nor **congratulations**, to later find a party at home. Then, she started **preparing** her **bag** and put a nice **dress** and **shoes inside** to, at least, be **nicely dressed** at her own party.

However, when she got to the kitchen, her mother was **waiting** for her with a **cake** for **breakfast**. Her whole family had breakfast together, **wished** her a happy birthday and gifted her a **book**. That made Sally even more **suspicious**: they were changing strategies.

She got calls all day long, and many people **apologized** for not being able to celebrate with her. Sally **answered** with a **mocking**: "It's fine, thank you, maybe next time." She was happy that she had her dress in her bag. She wanted to surprise them all: **however hard they tried**, they couldn't surprise her.

On her way back home she got even more excited, she wanted to see all her friends, and eat something delicious. She felt **cute** and wanted to celebrate. When she got home, all the lights were **off**. She waited a few moments at the door, to give them time to make their **jump**. But nothing happened.

Sally turned the lights on. Nobody was there. She **called** her mother, maybe they were **late**? Her mother said she was **getting into** the **cinema**, that they celebrated that morning and she thought Sally didn't want **anything else**. She called her friends, but they replied that they were busy that day. Were they serious? They hadn't **organized** a surprise party?

She took a **piece** of cake that was **left** over from breakfast and sat at the **kitchen table**, **alone**, wearing her party dress. "**Be careful what you wish for**," she said to herself **ironically**. And she went to bed.

Summary

Sally hates surprise parties, so this year she asked people not to throw her one. She thought they weren't going to do it, but then her family started doing things that made her suspicious. So, the day of her birthday, she expected people to pretend that they didn't remember to later surprise her, but, on the contrary, her family celebrated with her at breakfast, her friends called her during the day, and everyone apologized for not being able to celebrate with her. However, Sally still thought they would surprise her when she got home and she even got excited about it, but when she arrived home, there was nobody there. They had actually listened to her.

Resumen

Sally odia las fiestas sorpresa, así que este año le pidió a la gente que no le organizaran una. Ella creyó que no lo harían, pero luego su familia empezó a hacer cosas que la hicieron sospechar. Así que el día de su cumpleaños esperaba que todos hicieran de cuenta que no lo recordaban para luego sorprenderla, pero, por el contrario, su familia celebró con ella en el desayuno, sus amigos la llamaron durante el día, y todos se disculparon por no poder celebrar con ella. Sin embargo, Sally aún creía que la sorprenderían cuando llegara a casa e incluso se emocionó, pero cuando llegó a casa, no había nadie allí. De verdad le habían hecho caso.

Glossary (Glosario)

hates: odia
surprise parties: fiestas sorpresa
everyone: todos
gets around: llegar a hacer
pretend: fingir
actually: realmente
clear: clara
if: si
throw: organizan/hacen (una fiesta)
going to go: iré (ir/irse de un lugar)
made her point: dejarlo claro

weird: extraños
excited: emocionada
birthdays: cumpleaños
weeks in advance: con semanas de anticipación
anything: nada
friends: amigos/as
busy: ocupados/as
couldn't: no podían
decided: decidía
next day: al día siguiente
another: otro/a
accompany: acompañar
surgery: cirugía
adding: agregar
why: por qué
noticed: darse cuenta
pushed: apretó
understand: entendía
social media: redes sociales
furious: furiosa
respect: respetaran
sabotage: sabotear
organizing: organizando
attend: asistir
morning: mañana
expecting: esperando
routine: rutina
gifts: regalos
congratulations: felicitaciones
preparing: preparar
bag: bolso
dress: vestido
shoes: zapatos
inside: dentro
nicely dressed: bien vestida
waiting: esperando
cake: pastel
breakfast: desayuno
wished: deseó
book: libro
suspicious: desconfiada
apologized: se disculparon
answered: contestaron

mocking: burlona
however hard they tried: sin importar cuánto intentaran
cute: linda
off: apagadas
jump: salto
called: llamó
late: tarde
getting into: entrando
cinema: cine
anything else: nada más
repeated: respondieron
organized: organizado
piece: pedazo
left: quedaba
kitchen table: mesa del comedor
alone: sola
be careful what you wish for: ten cuidado con lo que deseas
ironically: irónicamente

Exercises (Ejercicios)

Exercise 1

Answer the following questions (Contesta las siguientes preguntas):

1. What did Sally tell her family about her birthday? (¿Qué le dijo Sally a su familia sobre su cumpleaños?)
2. Who is always excited about birthdays? (¿Quién se emociona siempre por los cumpleaños?)
3. Who did Sally's mother add on Facebook? (¿A quién agregó la madre de Sally a Facebook?)
4. How did Sally feel before her birthday when she thought they were planning a surprise party for her? (¿Cómo se sintió Sally antes de su cumpleaños cuando creía que le estaban planeando una fiesta sorpresa?)
5. What did Sally do to sabotage the surprise party? (¿Qué hizo Sally para sabotear la fiesta sorpresa?)
6. How did Sally feel about the surprise party on her way back home? (¿Qué sintió Sally sobre la fiesta sorpresa en su camino de vuelta a casa?)
7. What did Sally see when she was in front of her house? (¿Qué vio Sally cuando estaba frente a su casa?
8. What happened when Sally entered her house? (¿Qué sucedió cuando Sally entró a su casa?)
9. What did Sally's mom say she was doing? (¿Qué dijo la mamá de Sally que estaba haciendo?)
10. What did Sally do in the end? (¿Qué hizo Sally al final?)

Exercise 2

Decide whether these statements are "true" or "false" (Define si estas afirmaciones son "verdaderas" o "falsas"):

1. Sally loves surprise parties. (Sally ama las fiestas sorpresa)
2. She asked people to not throw a surprise party this year. (Pidió que este año no le organizaran una fiesta sorpresa)
3. Her sister wasn't excited about Sally's birthday. (Su hermana no estaba emocionada por el cumpleaños de Sally)
4. Her friends could go to her party, but she didn't invite them. (Sus amigos podían ir a su fiesta, pero no las invitó)
5. The morning of her birthday, her family pretended not to remember. (La mañana de su cumpleaños, su familia fingió que no lo recordaba)
6. When Sally was preparing her bag, she forgot to include a dress. (Cuando Sally estaba preparando su bolso, se olvidó de incluir un vestido)
7. Her family gave her a book as a gift. (Su familia le dio un libro como regalo)
8. When Sally was getting home, she realized there was no surprise party. (Cuando Sally estaba llegando a su casa, se dio cuenta de que no había ninguna fiesta sorpresa)
9. When Sally got home, her mother was getting into the cinema. (Cuando Sally llegó a casa, su madre estaba entrando al cine)

10. Sally was happy that they didn't plan a party (Sally se puso feliz de que no le hicieran una fiesta)

Answers (Respuestas)

Exercise 1

1. "If you throw me a surprise party, I'm going to go." ("Si me organizan una fiesta sorpresa, me iré")
2. Sally's sister. (La hermana de Sally)
3. Sally's university friends and all her friends. (Los amigos de la universidad de Sally y todos sus amigos)
4. Furious. (Furiosa)
5. She tried to organize her own birthday party. (Intentó organizar su propia fiesta de cumpleaños)
6. She was even more excited. (Estaba aún más emocionada)
7. She saw that all the lights were off. (Vio que todas las luces estaban apagadas)
8. Nothing. (Nada)
9. She was going into the cinema. (Estaba entrando al cine)
10. She took a piece of cake that was left over from breakfast and sat at the kitchen table, alone. (Tomó un trozo de pastel que había quedado del desayuno y se sentó en la mesa de la cocina, sola)

Exercise 2

1. False
2. True
3. True
4. False
5. False
6. False
7. True
8. False
9. True
10. False

Capítulo 6: Road Trip (Viaje por carretera)

Life is a journey, not a destination.

- Ralph Waldo Emerson

Rebecca and Lauren **took out** two champagne **bottles** from a small **fridge** and **made a toast**, sitting on the **floor**: they had made it, they had **moved out**! They **talked in hushed voices** because they didn't want to wake up Mrs. Milton. They had **met** her a few hours before, but they **could already** tell that she wasn't someone they **wanted** to **mess with**.

Lauren lay on the floor and **stretched** her **arms**. She tried to make an **angel** on the floor **dust**, but she **started** to **sneeze**.

Rebecca **stood up** and started to **walk around** the small apartment. The kitchen was **old**, with **blue cupboards** and a **cold** floor. It was like a little **corridor** with an **oven** and a **sink**. On the other side of the corridor was the **bathroom**, with a door **made of** glass and wood. Rebecca **realized** that the door didn't really **close**. Next to the bathroom was the **bedroom**. It had a **window** with **a view** to one of the **oldest** houses in San Francisco. That's why they had **chosen** that apartment: for the view.

"If I'm going to live in San Francisco, I want to have its **charm** right **in front of** my **nose**," Lauren said.

Both of them knew it wasn't **luxurious**, but it was something **better**: it was theirs. Lauren was still lying on the **dining room floor**. With her **cheek against** the floor, she saw a **wooden board** that **stood out**. She **frowned** and **crawled** to that place. She put her hand **on top** and saw that the board **went down**, but then **went back up again**.

"Rebecca, come! We have a wooden board that can **serve as** a **trampoline** for **ants**!"

It **took them a few** minutes to realize. Lauren **pushed** with her **finger** on the other side of the board and all of it went up, leaving an **empty hole** on the floor. Inside, there was a **tin box**. They **took it out**, feeling **as if they were** in a **spy movie**.

Inside the box there was a **puzzle piece**; a **notebook** with **dates** and **places** (February 1968 - June 1968, Wisconsin - September 1967, Austin - Missoula), an old **train ticket** with the **last name** Milton, a **hardened lollipop**, and a photo of a boy at the beach with the **inscription** "1969" and "**I miss you**" on the **back**.

Lauren and Rebecca **looked at each othe**r. Milton? Like their **neighbor**?

"Let's go ask her," suggested Rebecca.

"**No way!** What if she **kicks us out** for being **nosy**."

"She wouldn't be **wrong**... What do you think are all those dates and places?

"I don't know, but it seems like an ideal **road trip route**. 1969... That boy must be a few years **older** than us."

"Yes, but not **that many. Should** we **look for** him?"

"Is he Mrs. Milton's **long lost son**? Are we going to make an impossible reunion possible?"

"I don't know about that, but I do think we can **make a great trip** if we follow the route in this notebook..."

"And if we find Mrs. Milton's son on the way, **it wouldn't hurt**."

"You don't know if he's her son! Maybe he's an actor."

"Shh, you **ruin** everything."

They **thought** about it for two days. They **emptied** their boxes, **arranged** everything, and **cleaned** the dust. They had a **dinner party,** and they showed what they had **found** to all their friends. They all said the **same**: "Go look!"

The next day, they **packed** the car. A **suitcase** with some **clothes**, **all** the **money** they had, **cigarettes**, small bottles of champagne, books, **crossword puzzles,** and a small notebook for **each**. They told Mrs. Milton that they were going to visit a **sick uncle**, and that they **didn't know** when they would **return**.

And the adventure **began**.

Summary

Rebecca and Lauren have just moved to an old apartment in San Francisco. The apartment isn't luxurious, but it's theirs and they are happy. Lauren then finds a wooden board that stands out. First she tries to fix it, but then Lauren pushes the other end and, below it, she finds a hole with a tin box inside. Inside the tin box there are a few things, but three call their attention: a notebook with dates and places, an old train ticket with their new neighbor's last name (Milton), and a photo of a boy at the beach that says the year 1969 and "I miss you." With these things, they decide to make a road trip to all the places in the notebook and try to find the boy in the picture, hoping that he will be their neighbor's son.

Resumen

Rebecca y Lauren se acaban de mudar a un viejo apartamento en San Francisco. El departamento no es lujoso, pero es de ellas y están contentas. Entonces, Lauren encuentra una tabla de madera que sobresale. Primero intenta arreglarla, pero luego Lauren empuja el otro extremo y, debajo, encuentra un agujero con una caja de hojalata adentro. Dentro de la caja de hojalata hay algunas cosas, pero tres les llaman la atención: un cuaderno con fechas y lugares, un viejo boleto de tren con el apellido de su vecina (Milton), y una foto de un niño en la playa que dice el año 1969 y "te extraño". Con estas cosas, deciden hacer un viaje en coche por los lugares del cuaderno e intentar encontrar al niño de la foto, con la esperanza de que sea el hijo de su vecina.

Glossary (Glosario)

took out: sacaron
bottles: botellas
fridge: refrigerador
made a toast: brindaron
floor: piso
moved out: se mudaron
talked in hushed voices: hablaban en un susurro
could: podían
already: ya
wanted: querían
mess with: meterse con
laid: se acostó
stretched: estiró
arms: brazos
angel: ángel
dust: polvo
started: empezó
sneeze: estornudar
stood up: se levantó/se puso de pie
walk around: dar vueltas
old: vieja
blue: azul
cupboards: alacenas
cold: frío
corridor: pasillo
oven: horno
sink: fregadero
bathroom: baño
made of: hecha de
realized: darse cuenta
close: cerrar
bedroom: habitación
window: ventana
a view: una vista
oldest: más vieja
chosen: elegido
charm: encanto

in front of: en frente de
nose: nariz
both of them: ambas
luxurious: lujoso
better: mejor
dining room: comedor
cheek: mejilla
against: contra
wooden: de madera
board: tabla
stood out: sobresalía
frowned: frunció el cejo
crawled: gateó/arrastró
on top: encima
went down: bajó
went back up: volvió a subir
again: de nuevo
serve as: servir de
trampoline: trampolín
ants: hormigas
took them: llevó
a few: pocos/algunos
pushed: empujó
finger: dedo
empty: vacío
hole: agujero
tin: lata/hojalata
box: caja
took it out: la sacaron
as if they were: como si estuvieran
spy movie: película de espías
puzzle piece: pieza de rompecabezas
notebook: cuaderno
dates: fechas
places: lugares
train ticket: boleto de tren
last name: apellido
hardened: endurecida
lollipop: piruleta/paleta
inscription: leyenda/dedicatoria
I miss you: te extraño
back: del revés/parte posterior
looked at each other: se miraron

neighbor: vecino
no way!: ¡ni loca!
kicks us out: nos echa
nosy: chismosas
wrong: equivocada
road trip: viaje por carretera
route: ruta/recorrido
older: más grande
that many: tantos
should: deberíamos
look for: buscar
long lost son: hijo perdido
make a great trip: hacer un gran viaje
it wouldn't hurt: no estaría mal
ruin: arruinas
thought: pensaron
emptied: vaciaron
arranged: arreglaron
cleaned: limpiaron
dinner party: cena con invitados
found: encontraron
same: lo mismo
packed: empacaron (poner cosas dentro)
suitcase: maleta
clothes: ropa
all: todo
money: dinero
cigarettes: cigarrillos
crossword puzzles: crucigramas
each: cada una
sick: enfermo
uncle: tío
didn't know: no sabían
return: regresaría
began: comenzó

Exercises (Ejercicios)

Exercise 1

Answer the following questions (Contesta las siguientes preguntas):

1. Why are Rebecca and Lauren talking in hushed voices? (¿Por qué Rebecca y Lauren hablaban en voz baja?)
2. Where was Lauren? (¿Dónde estaba Lauren?)
3. How is the kitchen? (¿Cómo es la cocina?)
4. What is the bathroom door made of? (¿De qué está hecha la puerta del baño?)
5. Why did they choose that apartment? (¿Por qué eligieron ese apartamento?)
6. What did Lauren see with her cheek against the floor? (¿Qué vio Lauren con la mejilla contra el suelo?)
7. Who discovered that the wooden board went up? (¿Quién descubrió que la tabla de madera se levantaba?)
8. What was the last name on the train ticket? (¿Cuál era el apellido del boleto de tren?)
9. Who convinced them to do the road trip? (¿Quién las convenció de hacer el viaje en coche?)
10. What did they say to Mrs. Milton? (¿Qué le dijeron a la señora Milton?)

Exercise 2

Decide whether these statements are "true" or "false" (Define si estas afirmaciones son "verdaderas" o "falsas"):

1. They met Mrs. Milton 2 years ago. (Conocieron a la señora Milton hace 2 años)
2. The kitchen had brown cupboards. (La cocina tenía alacenas marrones)
3. The bathroom door didn't close. (La puerta del baño no cerraba)
4. The apartment was in one of the oldest houses in San Francisco. (El apartamento era una de las casas más viejas de San Francisco)
5. Rebecca frowned and crawled to the wooden board after she saw it. (Rebecca frunció el ceño y fue hasta la tabla de madera a gatas después de verla)
6. They felt as if they were in a spy movie. (Ellas sintieron como si estuvieran en una película de espías)
7. One of the contents of the tin box was a hardened lollipop. (Una de las cosas contenidas en la caja de hojalata era una piruleta endurecida)
8. The inscription in the back of the photo said "I love you." (La leyenda de la parte de atrás de la foto decía "Te amo")
9. They thought about going on the trip for six days. (Pensaron en hacer un viaje en coche por seis días)
10. They told Mrs. Milton that they would return in a week. (Le dijeron a la señora Milton que regresarían en una semana)

Answers (Respuestas)

Exercise 1

1. Because they didn't want to wake up Mrs. Milton. (Por que no querían despertar a la señora Milton)
2. Lauren lay on the floor. (Lauren estaba echada en el piso)
3. The kitchen was old, with blue cupboards and a cold floor. (La cocina era vieja con alacenas azules y un piso frío)
4. The door is made of glass and wood. (La puerta está hecha de vidrio y madera)
5. For the view. (Por la vista)
6. A wooden board that stood out. (Una tabla de madera que sobresalía)
7. Lauren.
8. Milton.
9. Their friends. (Sus amigos)
10. That they were going to visit a sick uncle. (Que irían a visitar a un tío enfermo).

Exercise 2

1. False
2. False
3. True
4. False
5. False
6. True
7. True
8. False
9. False
10. False

Conclusión

Hemos llegado al final de estos maravillosos cuentos. ¡Esperamos que te hayan atrapado tanto como a nosotros al escribirlos!

Pero ese no era nuestro único objetivo. Nuestro objetivo principal era que aprendieras inglés de una forma fácil y divertida. Aunque no lo creas, con solo leer estos cuentos has aprendido muchísimo vocabulario que te servirá en muchas áreas de la vida.

Si este libro te ha servido, corre a conseguir el libro : "Most common English words & phrases for adult beginners", en donde profundizaremos en el vocabulario y las frases más comunes para comunicarnos en inglés. See you soon!

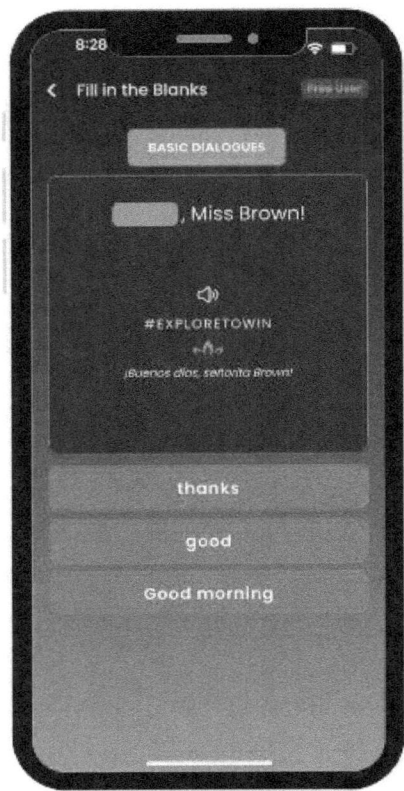

Escucha las historias en la app.

Lee aquí y escucha en la app para mejorar tu pronunciación y comprensión. ¡Hazlo real!

Escanea el código para escuchar los cuentos.